新发展格局下
运动促进健康技术研究平台
高质量发展模式探索

雷厉　主编

北京体育大学出版社

策划编辑：佟　晖
责任编辑：佟　晖
责任校对：潘海英
版式设计：李　鹤

图书在版编目（CIP）数据

新发展格局下运动促进健康技术研究平台高质量发展
模式探索 / 雷厉主编. -- 北京 : 北京体育大学出版社,
2024. 12. -- ISBN 978-7-5644-4230-9

Ⅰ. G806

中国国家版本馆CIP数据核字第20241GZ540号

新发展格局下运动促进健康技术研究平台高质量发展模式探索

XINFAZHAN GEJU XIA YUNDONG CUJIN JIANKANG JISHU
YANJIU PINGTAI GAOZHILIANG FAZHAN MOSHI TANSUO

雷厉　主编

出版发行：北京体育大学出版社
地　　址：北京市海淀区农大南路1号院2号楼2层办公B-212
邮　　编：100084
网　　址：http://cbs.bsu.edu.cn
发 行 部：010-62989320
邮 购 部：北京体育大学出版社读者服务部 010-62989432
印　　刷：三河市龙大印装有限公司
开　　本：710mm×1000mm　　1/16
成品尺寸：170mm×240mm
印　　张：13
字　　数：240千字
版　　次：2024年12月第1版
印　　次：2024年12月第1次印刷
定　　价：78.00元

编委会

主　编：雷　厉

副主编：张一民

编　委：（按姓氏拼音顺序排列）

陈志欣　葛艳芳　韩　笑　练海逸

李艳丽　刘心平　马　涵　孙婷婷

汪　洋　王友华　武　薇　徐召霞

杨　丹　杨奕晨

前言

　　人民健康是民族昌盛和国家富强的重要标志，健康中国战略要求为人民群众提供全方位全周期的健康服务，倡导健康文明的生活方式，预防控制重大疾病，推进医养结合，这些都需要完善的技术研究平台作为支撑。

　　运动促进健康技术研究平台是依托体育科研机构、高校、体育领域企事业单位等组织建设的体育基础性研究基地，是承担运动人体科学领域科学研究的场所，平台通过科学健身研究、国民体质测试、运动处方应用研究、体卫融合探索等，发挥体育锻炼在预防疾病方面多效用、低成本的优势，激发大众参与运动健身的意识，促进"运动是良医"理念在全社会的认同。运动促进健康技术研究平台主要涉及高等院校运动人体科学类实验室、各省市体育科学研究所相关实验室及分布全国的国民体质监测中心等，这些技术研究平台通过硬件投资、新技术引进、队伍建设、科学管理、服务大众健康等，逐步构建起我国运动促进健康技术研究体系。

　　本研究以北京体育大学中国运动与健康研究院为基地，搭建运动促进健康技术研究平台。该平台通过协同引进与自主开发，推广新技术、新理念，与企业共建实验室，积极开展社会合作，探索创新人才培养模式。以服务健康中国建设为宗旨，充分发挥学校多学科、多功能的综合优势，联合国内外各类创新力量，集聚创新团队，形成"多元、融合、动态、持续"的协同创新模式与机制，培养拔尖创新人才，制定协同创新中心建设标准与体系，创建具有示范性的运动促进健康协同创新中心，逐步成为具有重大国际影响的学术高地、行业产业共性技术的研发基地和区域创新发展的引领阵地，以期在国家创新体系建设中发挥重要作用，也为全国技术研究平台提供范例。

　　为解决我国运动促进健康技术研究平台建设和发展中存在的问题，展示示范案例，推动平台围绕健康中国战略走上高质量发展道路，特编写本书。

　　本书共有八章，以运动促进健康技术研究平台建设与发展为主线展开论述。

内容涉及运动促进健康技术研究平台的发展概况、交叉融合与协同创新机制、团队建设和人才激励、成果转化、建设标准及运行机制、高质量创新评价指标体系建设等，并以北京体育大学中国运动与健康研究院为例，展示示范性运动促进健康技术研究平台的特征和管理机制。

本书由雷厉担任主编，张一民担任副主编。参加编写工作的有：第一章、第二章，雷厉、徐召霞；第三章，李艳丽；第四章，刘心平、杨奕晨、武薇；第五章，杨丹、练海逸；第六章，韩笑、雷厉；第七章，王友华、陈志欣、马涵；第八章，张一民、汪洋、孙婷婷、葛艳芳。刘心平、杨丹负责审阅及修改本书大纲和初稿，并负责统稿和定稿。

本书在编写过程中广泛参考了国内外书籍，参考引用了众多学者、专家的研究成果，部分文献在书中列出，在此一并表示诚挚的谢意。另外，由于运动促进健康技术研究平台管理和运行发展还在探索中，本书在编写过程中对一些知识难免有遗漏或不足，敬请各位专家、同行批评指正，以期日臻完善。

编者

2022 年 9 月于北京

CONTENTS 目录

第一章　绪论

第一节　研究背景、研究方法和技术路线

一、研究背景

（一）构建运动促进健康技术研究平台的历史背景

健康是立身之本，更是立国之基。我国始终强调生命至上，习近平总书记指出，人民健康是社会文明进步的基础，是民族昌盛和国家富强的重要标志，也是广大人民群众的共同追求。2016年8月，习近平总书记在全国卫生与健康大会上强调，没有全民健康，就没有全面小康。要把人民健康放在优先发展的战略地位，以普及健康生活、优化健康服务、完善健康保障、建设健康环境、发展健康产业为重点，加快推进健康中国建设，努力全方位、全周期保障人民健康，为实现"两个一百年"奋斗目标、实现中华民族伟大复兴的中国梦打下坚实健康基础。

2016年10月25日，中共中央、国务院印发《"健康中国2030"规划纲要》，提出要把健康摆在优先发展的战略地位，立足国情，将促进健康的理念融入公共政策制定实施的全过程，加快形成有利于健康的生活方式、生态环境和经济社会发展模式，实现健康与经济社会良性协调发展。

健康中国是2017年10月18日，习近平总书记在十九大报告中提出的发展战略，强调要完善国民健康政策，为人民群众提供全方位、全周期健康服务。健康

中国战略凝聚着政府、社会和人民群众的共同理想。

运动锻炼是维护机体综合平衡、促进健康非常有效的方法之一，但体育活动在增强国民体质、提高健康水平方面的作用尚未充分发挥，相关研究成果尚未充分应用于实践，体育健身活动在增强体质、防治慢性病方面还有很大提升空间。2018年7月17日，国家体育总局发布新版《全民健身指南》，期望在国家层面出台权威健身方案，引领大众更加科学合理地开展体育健身活动。

2019年7月9日，国务院办公厅组建健康中国行动推进委员会，专门负责统筹推进《健康中国行动（2019—2030年）》的实施、监测和评估相关事项。《健康中国行动（2019—2030年）》提出，缺乏身体活动成为多种慢性病发生的重要原因。要结合健康中国行动，针对不同人群提出不同的身体活动指导方案，同时政府和社会要采取相关措施。尤其要坚持从以"疾病"为中心向以"健康"为中心转变，从重视"治已病"向重视"治未病"转变，从依靠卫生健康系统向社会整体联动转变。

2019年8月10日发布的《体育强国建设纲要》，强调要大力推动全民健身与全民健康深度融合，更好发挥举国体制与市场机制相结合的重要作用，不断满足人民群众对美好生活的需要，努力将体育建设成为中华民族伟大复兴的标志性事业。

2021年7月18日，国务院印发《全民健身计划（2021—2025年）》，明确"推动体卫融合。探索建立体育和卫生健康等部门协同、全社会共同参与的运动促进健康模式。推动体卫融合服务机构向基层覆盖延伸，支持在社区医疗卫生机构中设立科学健身门诊。推进体卫融合理论、科技和实践创新，推广常见慢性病运动干预项目和方法。推广体卫融合发展典型经验"。

2021年10月28日，国家体育总局印发《"十四五"体育发展规划》，对我国"十四五"体育改革发展进行了全方位战略部署，围绕体育强国战略，力求推动"十四五"体育重点领域实现高质量发展。在落实全民健身国家战略方面，指出要构建更高水平的全民健身公共服务体系，包括建立体卫融合重点实验室，完善运动处方库，建设科学权威的健身方法库、宣传平台和线上培训平台。

2022年3月23日，中共中央办公厅、国务院办公厅印发《关于构建更高水平的全民健身公共服务体系的意见》（以下简称《意见》），指出我国要以公益性和基础性为导向，探索建立更高水平的全民健身公共服务体系，以满足群众在体育健身和运动休闲方面对场地设施、赛事活动、健身指导等公共服务产品的需要，推动全民健身公共服务体系覆盖全民、服务全民、造福全民。《意见》提出，要深化体卫融合；制定实施运动促进健康行动计划；建立体卫融合重点实验室；鼓励有条件的医疗机构加强以体育运动康复为特色的专科能力建设；推动国民体质监测站点与医疗卫生机构合作，推广常见慢性病运动干预项目和方法，倡导"运动是良医"理念。

经过多年发展，健康中国发展方式开始由以疾病为中心向以健康为中心转变。

（二）构建运动促进健康技术研究平台的现实意义

健康是人类永恒的向往和追求，我国出台的一系列战略、措施、规划都是健康中国战略的重要指导文件，要求全社会提高责任心和使命感。但相关研究资料表明，即使我国经常参加体育运动的人逐年增多，但国民体重超标率、肥胖率仍在不断增长，尤其在青少年耐力水平、成年人肌肉力量与耐力以及老年人肌肉力量指标方面的变化并不大，且心脑血管病、糖尿病等慢性病发病率还呈上升趋势，大众参加体育运动还存在很大盲目性，急需普及"运动促进健康"的理念。

运动促进健康来自"主动健康"理念。主动健康是通过对人体主动施加可控刺激，增加人体微观复杂度，促进人体多样化适应，从而实现人体机能增强或慢性病逆转的医学模式。它强调通过对个体全生命周期行为系统进行长期连续动态跟踪，对自身状态、演化方向和程度进行识别与评估，以选择生活方式各要素为主，充分发挥其主观能动性，以改善健康行为为主，综合利用各种医学手段对人体行为进行可控的主动干预，促使人体产生自组织适应性变化，从而达到提高机能、消除疾病、维持人体处在健康状态的实践活动和知识体系。

第一，构建运动促进健康技术研究平台是健康中国建设的要求。健康中国已上升为国家战略，全民体育已被纳入"大健康"的理念，是实现健康中国的重要手段。各级政府要转变政府职能，合理优化和分配体育科技资源，既要关注青少年、中老年、特殊群体、慢性病人等不同人群，又要关注少数民族地区、边远地区等经济欠发达地区，还要依托社会做大做强全民健身科技服务，树立"大体育""大健康"的理念，为增强全体人民体魄、促进幸福生活、建设健康中国贡献体育部门应有的才智和力量。

第二，构建运动促进健康技术研究平台是全民健身治理体系改革的要求。针对当前全民健康中的主要矛盾和问题，政府必须强化治理、转变理念，有效推广运动促进健康的治理理念、方法和技术手段，有效整合体育、医疗、卫生、科技等多方面资源，形成跨行业、跨部门、跨学科的协同创新，加强体卫融合协作机制建设，推动运动促进健康技术研究平台建设。

第三，构建运动促进健康技术研究平台是推进《"十四五"体育发展规划》实施的要求。规划提出，要加强体育科教、人才和信息化建设，为体育发展提供坚实支撑，要提高体育科技研发水平，推动建设体育重点实验室、体育科技创新中心、体育高端智库等科研平台，不断增强体育科研创新活力，增加体育科技成果供给。运动促进健康研究平台重视人才团队建设，通过改革人才激励机制、增强团队活力和成果转出、完善成果评估等措施，解决内部活力不足、学术成果转化率不高等难题，提高运动促进健康技术研发水平，扎实推动《"十四五"体育发展规划》的落实。

第四，构建运动促进健康技术研究平台是构建全民健身公共服务体系的要求。新时期的全民健康公共服务体系需要全面贯彻"大健康""大体育"思想，坚持全民健身服务与全民健康的深度融合，为此必须全面统筹政府各部门的职责，充分调动政府、企业、社区及公众个人的积极性，通过体卫深度融合促进全民健康服务工作有效开展。运动促进健康技术研究平台以提高公民身体素质和精神状态、增进公民健康水平为目标，有效服务于健康中国战略实施。

第五，构建运动促进健康技术研究平台是落实体卫融合发展战略的要求。从全球范围看，推动健康关口前移、重心下移，重视非医疗健康干预，尤其是体卫融合，被视为各国健康促进的成功经验。体卫融合不仅能够低成本促进主动健康，促进"治已病"向"治未病"转变，培育人人主动锻炼的良好社会氛围，发挥体育锻炼在预防疾病方面多效用、低成本的优势，还能激发大众参与运动健身的主动意识。通过推广"运动是良医"理念在整个社会的广泛认同，全民健身计划取得高质量、高效率、可持续发展的效果，切实提升了大众体质健康水平。

第六，构建运动促进健康技术研究平台是新科技革命的需要。国内外科学健身研究飞速发展，体质测试数据采集和处理方法更加智能化和数字化，国民健康数据管理方法逐步科学化、标准化，科学健身理念的传播与应用日益网络化、社会化，测试、分析及指导技术发展更加集成化、实时化、动态化。现代生物技术、人工智能、大数据、互联网技术的快速更新迭代，要求打造体育、科技、医疗、卫生一体化科技平台，组建科技攻关团队，利用信息化、数字化、智能化等手段，依托创新驱动，构建科学合理的交叉融合机制，形成多元协同的运行机制，并通过提供精准化科学健身方案、设计智能体育产品、研发智慧屋虚拟场景等助力运动促进健康体系建设。

因此，运动促进健康技术研究平台建设是对接健康中国战略与国家目标发展的有效方式，是落实全民健身计划的重要保障，是提升促进主动健康水平的重要平台，也是加强健康中国服务的必然需要，能够推动体育、科技、医疗、卫生等各行业的协同创新，积极研发，提升运动促进健康技术研究整体的水平，推动政府关注体质健康，强化监督管理，提高服务全民健身事业的主动性，进而为国家推动新时代全民健身计划实施提供可借鉴、可复制、可推广的成功经验，促进健康中国和体育强国战略的有效实施。

（三）运动促进健康技术研究平台的功能定位及主要任务

运动促进健康技术研究平台作为体育科研的前沿阵地，在体育科技创新体系中具有非常重要的作用。《"十四五"体育发展规划》强调要广泛开展全民健身运动，推动全民健身与全民健康深度融合，其中提到要建立体卫融合重点实验室。国家体育总局重点实验室就是一种典型的运动促进健康技术研究平台，是体卫融合实验室的有益尝试。为提高我国体育科研水平，国家体育总局于2008年开始启动重点实验室建设战略，引导实验室组织高水平基础研究和应用基础研究，聚集和培养优秀体育科技人才，开展高层次学术交流，开放共享先进创新资源，产出高水平科研成果，服务于运动促进健康领域、全民健身领域和竞技体育事业。目前已在全国各地布局了45家体育系统重点实验室，在全民健身科技服务方面开展大量工作，产生了高端的科研成果，成为全民健身研究的高水平科技保障平台。国家体育总局重点实验室在运动促进健康技术研究中具有核心地位，依托重点实验室形成的相关运动促进健康技术研究平台是健康中国战略有效落实的重要保障。

第一，国家体育总局重点实验室是依托体育科研院所建设的体育基础性研究基地，承担着大量体育科学技术研究工作，取得众多科研成果，在我国体育科技创新体系中具有举足轻重的地位。依托实验室教授、研究员以及培养的本科、硕士、博士等学生，推动高水平体育科学研究工作开展。在一些新兴的研究领域、学科交叉的研究方向上，重点实验室能够整合资源，加强多学科协同创新，实现多学科融合发展。例如，各省体质测试中心均能聚集运动医学、运动生理、运动营养、运动康复、运动训练、健身健美、营养保健等领域的资深专家，根据青少年、中年和老年人的不同特点提供全面的体质测试、评价、健身指导及相关研究。

第二，国家体育总局重点实验室在基础研究中发挥着不可替代的作用，相关技术研究平台在科学健身指导、运动处方设计、慢性疾病干预、健身知识宣传、可穿戴设备研发等诸多方面不断创新和提升，是我国积累体育科技人才队伍、开展基础研究和应用基础研究的公共平台。国家体育总局重点实验室平台能够把对体育科学前沿研究与国家战略统一起来，在全民健身领域围绕解决重大基础性、关键性问题积极探索。例如，开展运动技战术诊断与机能评定、运动人体生物电与训练监控、训练负荷诊断与调控、机能评定与体能训练、体能与训练适应控制系统等研究。再如，高原训练实验室开展的研究包括高原低氧环境下低氧适应及健身锻炼对促进健康的糖代谢组学、蛋白质组学的分子信号通路等机制问题，高原低氧环境下不同海拔地区人群不同项目健身锻炼的运动处方研究与制订等。

第三，国家体育总局重点实验室拥有一批高精尖的仪器设备和完善的配套设施，良好的科研环境能够吸引和培养一批从事全民健身基础研究的科技人才，打造高水平全民健身科研团队，使优秀科技人才围绕健康中国战略，紧密结合社会需要，不断地出成果、出人才、出效益。目前各省市体质监测中心均配备了骨密度、平衡力、血管机能、心肺功能、亚健康状况等检测设备，其具有的人、财、物优势以及雄厚的研究实力使其成为运动促进健康技术创新的重要基地。

国家体育总局重点实验室坚持"开放、流动、联合、竞争"的运行机制，开展科学研究及成果转化等活动，为运动促进健康领域提供专业、规范、高效的服务，通过定期评估、优胜劣汰等机制不断完善技术、人才、运营、服务、开发等运行系统，为我国体卫融合体制改革做出了有益尝试，为建设运动促进健康协同创新体系提供了宝贵经验。现阶段，需要立足于健康中国战略，围绕重点实验室建设，构建我国运动促进健康技术研究平台，整合运动促进健康研究成果和专家资源，搭建国际化研究平台，完善运行模式，优化运动健康技术创新环境，同时构建标准体系和运行机制，实现运动促进健康技术及服务资源与社会健康需求之间的有效对接，通过技术交流和研讨等推动健康中国战略建设。

二、研究方法、技术路线和任务关系

（一）研究方法

1. 文献研究

通过中国知网收集、整理、分析国内外与体制机制创新、技术研究平台、实验室管理、运动促进健康相关的政策、理论、实际状况等资料，系统归纳运动促进健康技术研究平台的相关概念，总结分析平台运行机制，明确相关研究观点、理论，为本研究提供理论基础。

2. 调查研究

实地调查国内大型研究平台、重点实验室等基本情况，了解其现状，为本研究提供参考意见和客观依据。将调研数据资料进行分类整理，并对问卷数据进行统计，对主观感性材料进行客观、理性分析，进而做出科学有效的判断。

3. 比较研究

与国内外相关技术研究平台进行比较，借鉴运行管理的有益经验。例如，围绕国内外运动促进健康平台建设进行概括分析和思考，归纳国外以及相关行业技术平台的优势，与国内平台对比，找出其特征和优势，进而提出建议。

4. 专家论证

邀请体育界的专家和实践经验丰富的体育工作者参加论证和研讨，提高本研究的合理性和适用性。邀请的专家包括各高校实验室管理专家、国家体育总局系统体育科学研究所所长、实验室主任等，通过访谈、咨询形成我国运动促进健康技术研究平台建设思路。

5. 案例研究

案例研究法是一种以事实资料而非观点为基础的客观的研究方法，也是定性研究中非常重要方法之一。本研究选择北京体育大学中国运动与健康研究院作为目标案例，从该平台的机构设置、团队建设、质量管理等方面进行深入分析。该平台在建设成效及管理水平方面处于国内领先地位，有丰富的管理及建设经验，通过总结其发展特征、优势与不足，能为完善运动促进健康技术研究平台的运行机制提供有益借鉴。

（二）技术路线和任务关系

本研究子课题着力剖析运动促进健康技术研究平台建设中的若干问题，借鉴国内外创新理念和经验，以服务于中国健康产业发展及技术研发为归宿，确保研究能够真正指导我国健康产业发展与改革。

根据研究目标，本研究拟采用的具体的技术路线为：以文献、数据收集整理，走访相关主管部门及社会各方，实地调研等前期准备工作为基础，充分掌握中国运动促进健康技术研究平台建设的现状，通过对健康产业的调研和分析，找出制约其发展的问题，为促进其优化转型奠定基础。图1-1为运动促进健康技术研究平台建设及标准构建研究技术路线。

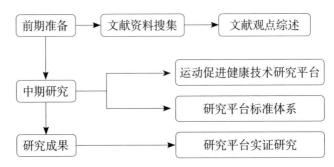

图1-1 运动促进健康技术研究平台建设及标准构建研究技术路线

图1-2为运动促进健康技术研究平台建设及标准构建研究任务关系。

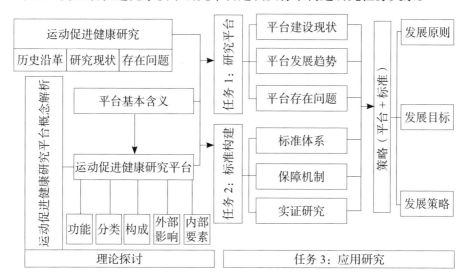

图1-2　运动促进健康技术研究平台建设及标准构建研究任务关系

第二节　概念剖析及研究概述

一、技术研究平台相关概念

（一）关于技术研究平台

科技基础条件平台是指由大型科技基础设施及基地、自然科技资源、科技数据和文献资源、科技成果转化基地、网络科技环境等物质与信息保障系统以及相关的共享制度和专业化队伍组成的，服务于全社会科技创新的数字化、网络化、智能化的基础性支撑体系。[①]

技术研究平台是开展科学研究和科研活动的各种基础条件，包括人员、资源、信息、政策、体制、环境等软硬件资源条件的综合配置与利用，通常具备高度集成性、开放性、便捷性等特点。

运动促进健康技术研究平台是运动促进健康知识体系建立、成果转化和产学研合作实施的依托和基础。运动促进健康技术研究平台的功能和作用主要体现在

---

① 郝立勤，赖于民.公共科技基础条件平台建设与政策探讨 [J].科学学研究，2006（S1）：103-107.

"研究平台"和"运动促进健康"两方面。其中，"研究平台"是对运动促进健康进行研究的基础。运动促进健康技术研究是由相关学者、导师、科研专家等人才结合物质、精神、信息等多种因素构成的有机体系，在运动促进健康领域开展各项科学研究的过程。平台通过集成、整合和优化仪器设备、优势技术资源与力量等，形成技术保障体系，其作用是完善研究资源配置，合理安排科技人才，营造开放创新氛围，强化社会力量整合，有效沟通政府，为运动促进健康技术研究、科研创新提供适用的载体，确保平台高效运行。

（二）关于标准化

1. 标准、标准化及标准化系统

（1）标准。标准是"为了在一定范围内获得最佳秩序，经协商一致制定并由公认机构批准，共同使用的和重复使用的一种规范性文件"，并注明"标准宜以科学、技术和经验的综合成果为基础，以促进最佳的共同效益为目的"。

（2）标准化。标准化是"为了在一定范围内获得最佳秩序，对现实问题或潜在问题制定共同使用和重复使用的条款的活动"。《标准化工作指南》中进一步解释，标准化活动主要是编制、发布和实施标准的过程；其主要作用是改进产品、过程或服务，防止贸易壁垒并促进技术合作。因此，标准属于规范性文件，而标准化则是一系列活动，如标准制定、宣传贯彻、检验、监测、认证、监督、检查。标准是标准化活动的成果，标准化的目的要通过制定和实施标准来体现。研制标准、组织与实施标准、对标准实施情况进行监督检查等共同构成了标准化活动的主要内容。

（3）标准化系统。标准化系统也称标准化体系，是指一定范围内为达到最佳秩序而开展标准化活动的相互作用和相互关联的一组要素。标准化系统要素包括标准化目标、战略方针，标准化组织机构及人员队伍，法律法规，以及标准化运行程序。标准体系是标准化系统的主体，保障体系是确保标准体系建设和实施运转的保证。标准体系和保障体系互为依存、相互促进，共同推进标准化科学发展。

2. 标准体系概述

（1）标准体系的概念。标准体系是一定范围内的标准按其内在联系形成的科学的有机整体，其中"一定范围"可以指国际、区域、国家、行业、地区、企业范围，也可以指产品、项目、技术、事务范围；"有机整体"说明标准体系是一个整体，标准体系内各项标准之间具有内在的有机联系，它通常以结构框图和体系表的形式表现出来。

（2）标准体系的结构。标准体系内部应按一定结构进行逻辑组合，不能杂乱无序地堆积。标准化对象的复杂性会使体系内不同标准子系统的逻辑结构呈现出不同的表现形式。

（3）标准体系的特性。标准体系具有6个特征，即集合性、目标性、可分解性、相关性、整体性、环境适应性。

（4）研究和制定标准体系的必要性。标准是标准化活动的核心，是组成标准体系的要素。标准体系框架的设计必须符合标准化的基本原理，符合运动促进健康技术研究的实际需求，符合标准体系系统应有的属性。标准体系表应力求全面系统、层次分明、配套完整，充分显示体系的一贯性。标准体系的层次与内容可通过标准体系框架和标准体系表来实现。

3.体育标准、体育标准体系及体育服务标准化

（1）体育标准。体育标准是以体育生产经营、体育服务及体育运动实践为基础制定的、由公认机构批准发布的关于体育事业、体育用品、体育服务的各项统一规定。体育标准具有强制性、指导性、竞争性等特征，是提高体育事业服务水平和管理效益的重要手段，以制定、贯彻和修订统一的体育标准为主要内容的全部活动称为体育标准化。

（2）体育标准体系。体育标准体系主要是指围绕体育事业制定的以国家标准为基础，与行业标准、地方标准和企业标准相配套的系列标准，包括竞技体育、群众体育、体育经济、体育科研以及体育设施、体育用品、场馆服务、人员管理、竞赛、锻炼、人员等级等标准。通过体育标准体系描绘出的整体蓝图，可以把握体育标准的发展水平，指导体育标准制定和修订计划的编制，不断完善现有标准。

（3）体育服务标准化。体育服务标准化是指在体育服务生产经营活动中，运用标准化原则和方法，通过制定、发布和实施体育服务标准，实现体育服务资源合理有效配置，达到服务质量目标化、服务方法规范化、服务过程程序化，从而获得最佳秩序及社会效益、经济效益，使体育服务产业健康、有序发展。

二、技术研究平台相关研究

世界各国都十分重视科学研究管理，并通过确切有效的途径建立多种管理方式和制度，以规范科学研究行为。例如，美国有政府研究部门、高等院校研究机构和企业研发部门三大科研系统，其多元分散型的治理模式为课题研究提供了较大自主权。日本政府对科学研究项目的重视表现为给予经费保障和提供先进实验设备，确保有良好的实验条件；其科学评估制度依据科研单位信用评估决定后期资助。英国、德国、法国等国家在科研管理方面也各具特色。

（一）技术平台的激励机制

巴连良在《高校科研创新激励机制研究》中指出：高校科研能否实现创新很大程度取决于科研管理水平的高低，取决于有效的激励机制。他建议要根据高校和科研团队特点建立激励制度，包括团队激励、评价考核、宽容失败、分配制度、知识产权保护等，综合运用目标激励、政策激励、文化激励、知识激励、公平激励、前景激励等方法构建高校科研激励的长效机制。[1]

于佳在《高校科研人员创新激励机制研究》中提出4个原则，分别是民主与公平结合、物质激励与精神激励结合、外部激励与内部激励结合，以及短期激励与长期激励结合。其中，物质激励包括工资激励、奖金激励、福利激励、带薪休假激励、职位晋升激励和进修培训激励，精神激励包括情感激励、荣誉激励、榜样激励、尊重激励和文化激励。实施对策包括提高全员对创新激励机制重要性的认知，强化对创新激励机制的组织实施，加强对创新激励机制实施效果的评价。[2]

安宁等以华南师范大学为例对高校科研管理的立体激励机制进行探讨，运用伟伦的期望理论、马斯洛的需求层次理论，提出立体激励机制的构建框架与特点，并分析了激励机制的立体化运作情况及取得的成效。[3]

梁河在《浅谈高校科研管理中激励机制的构建》中提出要从科研者需求结构的角度出发进行激励，满足科研人员的物质需要、自我实现需求及青年骨干的培训深造需要。提出激励措施要因人而异，要合理评价科研人员工作业绩，协调运

① 巴连良. 高校科研创新激励机制研究 [D]. 长春：东北师范大学，2006.
② 于佳. 高校科研人员创新激励机制研究 [D]. 哈尔滨：哈尔滨工业大学，2010.
③ 安宁，莫雷，邓开喜. 高校科研管理立体激励机制的构建与思考——以华南师范大学为例 [J]. 高教探索，2008（6）：92–97.

用经济与非经济激励措施，确保内外激励相辅相成，长时与短时激励相统一，正向与负向激励相结合等。①

（二）技术研究平台存在的主要问题

王清、丁可可认为我国高校科技管理中存在管理观念落后、管理模式陈旧、管理方法不科学等问题，建议创新管理观念、管理模式及管理方法。②

李蕴、李家军在《高等院校科研管理问题与对策研究》中分析的问题包括科研管理平台建设不完善，缺乏与时俱进的科研管理观念，科研资金投入不足，缺乏创新的激励机制，科研管理队伍建设不到位，等等。他们建议要更新管理观念，增强管理创新意识，组建高校科研创新研究平台，有效整改科技资源和人才，建立结构合理、精干高效的科研工作体系，并加强科研管理队伍建设。③

何忠良认为高校科研管理存在的主要问题是"重申报，轻研究"，合同意识淡薄，建议要加强科技成果知识产权的保护，提高科研管理服务意识，建立激励机制，注重继续教育，不断提高科研管理团队素质。④

以上文献从不同的角度分析了高校科研管理平台相关问题并提出可行性建议。

（三）构建技术研究平台的对策

李婉认为创新平台应构建驱动机制、保障机制、调控机制和反馈机制，涵盖目标导向、资源诱导、利益驱动、经费资助、成员配置、资源共享、组织建设、文化建设、监督管理、协调服务、激励约束、绩效评价等功能。⑤建议政府和高校从以下几个方面进一步优化我国高校科研创新团队的运行机制：要突破制度壁垒，优化成员和资源配置；加强有效沟通，优化良性竞争和冲突解决机制；兼顾公平有效，优化团队制度文化建设；优化绩效评价和激励机制。

陈永忠提出的创新平台管理建议包括运用系统论创新高校科研管理理念，创新科研管理制度和模式，培育创新团队和学科领军人物，建立激励机制和科研评价机制，创设科研管理信息平台及科研管理系统。⑥

① 梁河.浅谈高校科研管理中激励机制的构建 [J].北方经济，2007（10）：123-124.
② 王清，丁可可.高校科研管理的现状及创新途径 [J].煤炭高等教育，2008（5）：66-67.
③ 李蕴，李家军.高等院校科研管理问题与对策研究 [J].西北工业大学学报（社会科学版），2007（2）：94-98.
④ 何忠良.高等学校科研管理中的问题与对策 [J].沈阳农业大学学报（社会科学版），2008（1）：33-36.
⑤ 李婉.高校科研创新团队运行机制研究 [D].武汉：华中农业大学，2011.
⑥ 陈永忠.浙江工业大学科研管理模式及其运行机制创新研究 [D].杭州：浙江工业大学，2009.6

信息化方面，很多学者致力于科研管理信息系统研发设计，如采用Bowser/Server模型，以Windows系统为平台，运用ASP.NET2.0和SQL Server 2005等开发工具，使用SSH框架进行服务端开发，采用基于Ajax异步交互模式的数据传输方案，对管理平台进行流程设计、数据库设计、结构设计及原型设计，最终完成科研成果管理平台，促进高校科研成果管理平台的信息化建设。

三、运动促进健康国内外研究现状

（一）国外研究现状

国外多项研究证据表明运动能够有效促进健康，众多发达国家已通过多种战略和政策积极促进国民健康，如日本、美国、德国、芬兰、丹麦、澳大利亚等发达国家由政府主导，加强运动促进健康相关研究，构建健康指导服务平台，开展全民健康管理。

经过长期实践经验，美国研究发现90%的个人和企业通过健康管理干预，相关医疗支出降低到原本的10%；其余10%的个人和企业未实施过健康管理，医疗费用比原来增加了90%。统计表明，美国约650个健康管理机构为7700万人进行医疗服务，加入健康管理计划的美国人超过9000万。美国人在过去100年时间里，平均寿命增长了30岁，其中医疗服务贡献了5年，公共卫生和预防干预贡献了25年，说明实施健康管理意义重大。[1]

黄亚茹等在《医体结合，强化运动促进健康的指导——基于对美国运动促进健康指导服务平台的考察》中介绍了美国的运动促进健康指导服务平台，指出美国是运动促进健康的先行者，其在1980年即将运动纳入健康管理体系，经过多年发展，已建立起以政府为主导，科研机构和体育社会组织为补充，医疗卫生服务与体育健身服务相结合的运动促进健康指导服务平台。该平台服务内容涵盖政府指导服务、科学研究服务、科学健身服务以及体质健康信息服务等，为民众科学运动、预防慢性病做出了贡献。

德国于2002年引进健康管理，但主要是政府提供法定健康保险。为应对人口老龄化与疾病谱变化给传统卫生服务体系带来的巨大挑战，德国实施了一系列

---

① BUNKER J P, FRAZIER H S, MOSTELLER F. Improving health: measuring effects of medical care[J]. The Milbank Quarterly, 1994, 72(2): 225-258.

医疗服务改革。德国"健康金齐格塔尔整合医疗"以健康促进为核心，通过多样化的疾病管理项目和服务网络建设，结合金融方式改革创新，融合医疗服务供给方和医疗保险机构，高效地实现促进人群健康、降低慢性病发病率、控制医疗成本的目标。其特点是注重多部门协调，各级政府和部门分工明确，并且始终贯彻以大众体育发展为核心，大众体育、竞技体育、学校体育协调发展的战略。

国外高校科研机构的研究方向灵活新颖，能随时结合社会需求启动研究。例如，美国的运动和速度研究所，专门为体育爱好者及高水平竞技运动员提供专业服务，把提升速度的科研成果运用到体育科技服务实践中。

标准化方面，标准制定与研究已成为当今世界范围的热点课题，受到许多国家重视，呈现出新的发展态势。目前具有一定代表性和特点的国家标准体系形成了6个类型：一是以民间标准化机构为主导，由政府授权的德国标准体系；二是以多元化、分散性和自愿性为特点的美国标准体系；三是以政府为主导的日本标准体系；四是在标准化与技术协调方面取得巨大成功的欧盟标准体系；五是由计划经济向市场经济转型的俄罗斯联邦标准体系；六是属于发展中国家的已初具雏形的中国标准体系。

体育运动相关标准研究走在前列的国家主要是德国和英国。在标准内容上，标准主要关注技术术语定义，健康、安全和环境，检测方法和技术指标，等等。例如，德国健康标准体系包括政府机构标准体系和以德国工业标准为主的非政府标准体系，涉及健康技术法规、德国工业标准和企业标准。相关健康标准具有目的性、协调性、技术性、动态性和实践性等特点，对于我国健康管理与标准体系建设具有重要参考价值。在体育项目上，标准研究涉及较多的是游泳、登山、球类和冬季运动项目。在专业分支上，标准重视对运动场地各种性能的研究。

综上，运动促进健康技术研究平台建设需要深入探讨，标准体系需要不断完善。尤其是国内外运动健康相关标准的研究方向仍相对狭窄，体育科研系统适用的标准数量少，无法满足实际需求。

（二）国内研究现状

国内还没有运动促进健康技术研究平台的相关研究。在中国知网以篇名为"技术研究平台"，仅搜到很少的几篇文章，涉及机电控制技术研究平台、热处理工艺技术研究平台、现代诊断技术与中医病证研究平台建设等，而本研究的技术研究平台应该是一个更高层面的系统。目前关于健康促进平台方面的研究主要集中在体质健康测试服务平台、管理信息平台、网络平台、健康指导平台、监测平台、数据平台等方面，还没有运动促进健康技术研究平台的论述。

王计生等在《老年心理健康研究及智能信息服务平台构建》中将人工智能技术与老年心理健康相结合，进行老年心理健康研究，利用计算机技术、智能控制技术构建智能服务信息平台模型，为老年心理健康提供健康咨询服务，为政府解决老年心理健康问题提供决策建议。[1]

刘韵婷等在《基于大数据的体质健康测试云平台系统设计》中运用智能检测设备进行学生体质健康数据采集与管理，并把这些数据通过"互联网+"技术上传到云平台，打造家长、学生及学校三位一体的体质健康数据互联、互通、共享平台。[2]

为解决学生体质健康测试与管理工作量与日俱增的问题，任文在《基于数字化校园的学生体质健康智能标准平台构建》中构建基于数字化校园的学生体质健康智能标准平台，基于 Web 的 B/S 结构及多种技术，实现管理、预约、检测、交流和评价等功能。[3]

周轶枫在《青少年体质健康与体育信息平台的构建》中设计的青少年体育信息服务平台包括健身评价服务、科学数据共享、体育资讯查询等模块。青少年体育信息服务平台能够将实际运动状况整理成具体的数据汇报给政府部门，便于为政府机构制定青少年体育策略提供依据。[4]

在体育领域，运动处方、体能训练、校园足球、青少年体质、京津冀协同、幼儿体育、老年健身等都是社会热点话题，结合社会需求的研究方向有利于产学研深度融合。在我国，山东大学、华中农业大学的国家重点实验室能够连续多次获得优秀，其成功经验就是研究方向始终面向国家需求，解决国民经济和社会发展的重大科学问题。可以说，社会上对体育科技产品的需求很大，如减肥产品、健身产品、慢性病运动干预产品、青少年体能相关产品、矫形鞋垫、长跑装备、

① 王计生，贺兆轩，杨晓庆.老年心理健康研究及智能信息服务平台构建 [J].成都医学院学报，2017，12(5): 621-625.
② 刘韵婷，郭辉.基于大数据的体质健康测试云平台系统设计 [J].电子技术与软件工程，2018(4): 196.
③ 任文.基于数字化校园的学生体质健康智能标准平台构建 [J].电子设计工程，2017，25(20): 93-96.
④ 周轶枫.青少年体质健康与体育信息平台的构建 [J].自动化与仪器仪表，2017(8): 183-184，188.

芯片鞋、智能器材等，技术研究平台建设还应认真思考创新机制，结合社会需求，在产学研融合方面多出成果。

因此，技术研究平台的构建应努力在沟通社会、市场、政府和学校的需求之间充当重要角色，从完全的事业驱动型向社会驱动型或产业驱动型转变，面对社会期待和健康中国战略，不断在体育科技产学研融合方面发挥重要作用。

综上所述，运动促进健康技术平台是运动促进健康研究、开发及产业化等活动正常开展的物质系统，在一定时间、空间范围内融合相关技术、人才、运行、服务、研发等系统，达到为运动促进健康提供专业、规范、高效服务的目的。运动促进健康技术研究平台集技术、人才、知识、资金、设备等多要素于一体，是主动健康研究创新的重要载体。

第三节　国内外运动促进健康发展现状及趋势

保障国民健康，需要个人与生活、人与人、个人与社会的整体协调可持续发展，通过运动促进健康，使国民不生病、少生病、低成本治病已成为很多国家的重要策略。1978年，国际初级卫生保健大会制定《阿拉木图宣言》，希望个人积极参与初级卫生保健的计划、组织和管理。此后，世界各国日益重视全民主动健康的重要作用，将主动健康作为医疗改革的突破口，由政府主导构建健康指导服务平台，开展全民健康管理。现实中，各国意识到全民主动健康对改善健康服务质量及降低医疗财政支出的巨大作用，纷纷出台系列政策法规支持主动健康。

一、国外运动促进健康技术研究平台发展概况及启示

（一）美国发展概况

美国政府发挥积极作用，在全民健康管理计划中推行相关政策，健康管理成效显著。美国运动促进健康指导服务平台由政府部门、社会组织等构成，是一种推动运动健康计划实施的服务机制，经过40多年实践，有效促进了"体卫融合"。该平台包括政府指导服务平台、科学研究服务平台等，相应配套系列健康服务策略。该平台下设国家老年研究所、国家心血管病研究所、国家关节肌肉骨骼研究所等27个研究机构，开展运动预防和疾病研究与治疗；设立专项研究基金，开

展体力活动对癌症的干预、降低疾病风险的最佳体适能等研究；出版《运动与心脏》《运动与骨骼健康》等期刊，指导国民科学运动。作为体卫融合的先行者，其优势是有效协同体育、医疗卫生、文化教育等多元主体，加强深度融合，将体育运动作为促进健康的重要手段，注重医疗卫生与体育非医疗手段的协同，通过明确不同利益相关者的权利与责任，共同构建合作秩序，形成多元主体协同治理之道。

（二）日本发展概况

日本在运动促进健康领域的研究和实践也走在世界前列，通过政府的政策扶持和法律调控，形成从上至下的健康管理网络平台。1978年，日本厚生省首次提出《促进国民健康对策》，时间从1978年到1988年，这是日本第一次国民健康促进运动。《促进国民健康对策》以构建活力社会为目标为老龄社会做准备。2000年出台的《健康日本21》，是基于科学研究证据的健康政策。为贯彻《体育基本法》，2012年文部省出台《体育基本计划》，以"建设全体国民都能参与体育事业的社会环境"为主题，提出未来10年要解决的7个重点课题。2012年出台第二期《健康日本21》，提出新时期国民健康促进对策，其中之一就是改善与营养膳食、身体活动、休闲养生等有关的生活习惯和社会环境。

（三）德国发展概况

德国健康管理计划是与医疗保险体系相辅相成的。2002年，德国把疾病管理纳入法定医疗保险体系。2008年，保险公司开始开展慢性病护理管理服务。引入美国健康管理政策，通过分析个人不良行为方式与慢性病危险因素的相关性，对大众实施健康管理，以便把健康管理服务覆盖到更多人群。德国联邦经济与劳动部成立专门机构解决相关问题，并在国内开展双元化的健康管理。

（四）英国发展概况

英国将病患主动参与健康管理作为改革国民保健制度的重要抓手，2001年、2006年、2012年分别出台《医疗与社会保健法案》《国家医疗服务法案》《卫生和社会保健法》，并通过国家医疗服务体系鼓励患者参与主动健康服务。早在1947年英国就成立了著名的健康管理公司保柏（Bupa），70多年来，该公司在医护水平、优越环境及合理价格方面的优势超过公立医疗机构，吸引了大量社会团体、个人及中产阶级家庭。目前BuPa公司已覆盖全球190个国家和地区，服务人数多达820万，年销售额达39亿英镑。该公司还同时经营疗养院、医院、诊所和健康评估中心等。

（五）芬兰发展概况

芬兰健康管理模式取得的效果比较突出，其成熟模式主要依赖基层社区组织，从20世纪70年代开始，通过改变大众生活习惯，从源头上降低疾病发生的概率。芬兰冠心病等相关心血管疾病死亡率较高，男性死亡率居全球首位。1972年，芬兰心血管病发病率最高的北卡累利阿省（现北卡累利阿区）开始实施健康管理干预，依托社区，相互合作，通过改变周围环境来影响人们的行为方式和习惯，倡导更健康的生活方式。项目推行5年后，当地居民健康行为和生活方式明显改善，疾病率明显下降。在1972—1997年的25年中通过运动干预，男性吸烟率下降50%，胆固醇平均水平降低20%；女性和男性寿命分别增长6年和7年。1997年，芬兰在全国推广该健康管理模式，健康管理实施成效显著。

加拿大、澳大利亚、新西兰等国的地方健康顾问委员会、理事会或公民陪审团，也在积极系统地推动公民主动健康等医疗保健政策。

（六）经验与启示

1.名称多样、功能齐全

国内外技术研究平台的名称涉及实验室、示范区、分析技术中心、研究基地、协同中心、研究所等，种类繁多，也非常符合国际各类基层学术组织的建设规律。世界各国大学都有大量研究机构，名称更多，五花八门。例如，美国哈佛大学拥有121个科研机构，麻省理工学院有240个研究部门。这些研究机构的名称涉及实验室、研究中心、技术中心、测试中心、研究院、研究所、研究部、论坛、讲座、研讨班、协作组、项目组、计划等。名称不同、规模大小不一，研究范围各异，但每个研究机构功能齐全，尤其以跨学科研究见长。技术研究平台构建，多样化的基层学术组织形式必不可少。

2. 注重跨学科，打破学科壁垒

运动促进健康必须开展交叉学科融合，运动能力评价、体育健身休闲、青少年体育等都属于跨学科研究范畴，跨学科的研究方向能强化学科间的渗透与融合，鼓励相近学科或者交叉学科发展，这是大势所趋。西方高校众多的研究机构，重点聚焦于研究主题，而非学科。几乎没有按学科门类设立的研究机构，多是以问题为中心设立各种官—产—学—研相结合的跨学科组织，目的是打破学院制壁垒，加强学科交叉与整合。例如，斯坦福大学的21个独立研究机构，并不完全以学科标准来规划，而是直面问题，面向课题开展多学科跨专业合作研究，克服了传统学科无法为跨学科研究提供平台服务的弊端。机构由学校直接管理，对分管科研的副校长负责，与校内其他机构有合作和联系，不受院系行政和学术文化的控制。这样的跨学科组织不需要很大，如麻省理工学院最小的系统动力学小组，仅有2位教授和6名助教，虽然规模很小，却依然能开展世界级水平的科学研究。这些跨学科组织的特征在于其没有隶属于传统的研究所、学院，而是聚集大批以科学研究事业为首的科研人员。例如，英国爱丁堡大学教育学院体育、运动与娱乐系在2010年专门成立了一个名为"体育、教育和健康科学研究所"的研究机构，该机构属于英国最大的体育教师教育机构，研究领域广泛，涉及体育教育、身体活动、健康与和谐、运动和娱乐、教练、体育政策和管理、运动和锻炼科学、体育和娱乐研究等。它利用综合性大学的研究优势，将全方位的体育相关研究成果纳入体育教师培训体系。

3. 研究方向新，紧密结合社会需求

体育相关技术研究平台范围广泛，包括体育领域与解剖学、病理学和免疫学等基础医学知识体系的交叉融合，涉及运动康复、健康指导、健康管理软件开发、健康促进装备研发、运动损伤防治等，其中青少年体质健康、慢性病干预、预防近视、科学减脂、幼儿生长发育等都是当前社会的热点话题，也都是社会急需解决的重点问题。

4. 机构设置层级清晰

级别不同的技术研究平台有不同特色。省部级研究平台偏向独立型、校级平台偏向挂靠型，形成矩阵结构。独立型平台有学校扶持，有利于调动各方资源，能够实现人、财、物、信息资源的优化配置。挂靠型平台有利于教学与科研、学科与项目的有机结合，依托院系有利于把平台做实，兼顾人才培养与科学研究。矩阵式结构则采取网格化管理，从学院层面由学科领导实施管理，符合学科发展规律；从平台层面以问题为导向，实行多学科协同，由项目领导实施管理，便于解决实际问题。例如，兰州大学的改革特点就是废除教研室，设置研究所，研究机构可按专家姓名或项目名称命名。研究所内设有教育平台、科研平台、服务平台，其中科研平台是研究主体，使学术组织成为集人、财、物于一体的实体单位。研究所有自主管理职权，同时有学术权利，很好地实现了管理重心下移。教师横向看隶属于科研平台，纵向看隶属于学院。该架构把教育与研究、课程和项目整合为矩阵，推进学科交叉融合及深层互动。矩阵型的基层学术组织，兼顾人才培养与科学研究。美国大学也是通过这种立体网状的矩阵结构，在纵横两个维度将现有的学科结构和跨学科教学科研活动灵活地组织起来。

5. 强化管理与评估

为规范科研活动，美国形成政府研究机构、高校研究机构和企业研究机构三大科研系统，三者的基础研究项目与应用开发项目的管理模式并不相同。基础研究项目多在政府研究机构或高校中进行的，项目一般由科研人员申请，研究经费分配到项目所在单位。政府对基础研究给予资金保证和实验设施支持，积极创造有利的科研环境。日本项目管理主要是承担单位自行管理，阶段性成果报告是评价的重要依据，科研评价直接影响后续经费资助。英国、德国、法国等国家在科研管理方面也各具特色。

二、国内部分行业技术研究平台发展概况及启示

（一）清华大学国家金融研究院

清华大学国家金融研究院由清华大学、中国人民银行研究局、中国银监会研究局、中国证监会研究中心、中国保监会政策研究室等研究机构共同发起，成立于2014年5月10日，致力于打造一流金融智库。研究院目标明确、组织架构清晰，下设货币政策与金融稳定等17个研究中心。学院实行理事会领导下的院长负责制。理事会搭建起学界与业界的沟通桥梁，推动人才培养和学术研究契合行

业需求。学术顾问委员会和战略咨询委员会为高端咨询机构，为学科建设、课程建设、学术研究等方面提供指导。

清华大学搭建学术平台，引领金融研究的中国实践。清华大学联合"一行三会"筹建的清华大学国家金融研究院，旨在为金融改革、发展提供基础研究，为金融决策与监管部门提供政策分析与咨询，打造一流金融智库。依托于清华大学国家金融研究院建设有16个研究中心，涉及互联网金融、货币政策与金融稳定、家族财富研究、保险与养老金研究、房地产金融科技研究、全球并购重组研究等，此外还有中国金融案例中心和《清华金融评论》学术期刊。清华大学积极与学术、业界有效互动，开办清华五道口全球金融论坛、清华五道口全球名师大讲堂、清华五道口金融家大讲堂，举办中国金融学术年会，打造高水平开放交流平台。

清华大学还积极履行社会责任，打造创业者训练营，开设金融媒体奖学金培训项目，建立"紫荆教育"在线平台，提升从业人员的专业水平，助力地方经济发展。

（二）北京大学国家发展研究院

北京大学国家发展研究院成立于2008年10月25日，是在北京大学中国经济研究中心基础上组建的以综合性社会科学研究为主的科研教学机构。该研究院以国家发展为中心议题，是集教学、科研和智库服务于一体的综合性机构，拥有"中国经济观察报告会""格政"和"国家发展论坛"三个知名智库学术品牌。

其成功经验包括明确自身的功能，通过精准定位，扬长避短，以小见大；挖掘资源，创新智库协同建设；强化交流，打造高端发布平台；完善考评，健全管理评价机制，将智库建设作为内涵式高质量发展的新生长点，为地方经济社会发展提供人才和智力支撑，最大限度地实现高水平院校科研成果的社会效益和经济效益双提升。[1]

（三）华为技术有限公司

华为技术有限公司作为我国信息技术行业中高新技术企业的代表，其成长过

---

[1] 王威，张明明，雍丽英．"双高计划"下高水平院校智库建设路径研究——基于北京大学国家发展研究院建设经验分析 [J]．黑龙江工业学院学报（综合版），2022，22（2）：43-47．

程有很强的代表性。其经验有4个方面：一是高度重视研发，将技术作为核心竞争力，将创新投入制度化。《华为基本法》中详细阐述研发的作用、方向和范围。公司坚持将每年10%以上的销售收入投入研发，其研发机构遍布全球。二是注重技术、商业双轮驱动，并已形成良性循环。内部设产品解决方案开发团队，重视市场调查和客户分析；产品开发部专注于解决技术问题；同时设立集成产品管理团队协调技术与商业的关系。技术组织、商业组织、协调组织三足鼎立，共同支撑技术创新。三是高度重视精细化管理，针对各个创新环节均设计专门流程，配备专门的组织队伍，以合适的工具、方法、模板保障技术创新战略有效实施。四是聚焦、开放，产业共赢。坚持"聚焦"，将研发费用投入到关键、核心技术上，研发投入数倍于竞争对手，以保持竞争优势。其余部分则大胆放开，交由第三方合作伙伴负责。[1]

（四）安踏（中国）有限公司

安踏公司坚持"创新为企业生存之本"，始终重视研发投入。早在2005年就成立了省级平台"运动科学实验室"，2009年被认定为国家级企业技术中心。公司在意大利、韩国、日本、美国等国家建立全球设计研发中心，吸引各国研发专家。目前自主研发的科技成果累计申请国家创新专利超1200项。[2]

其成功经验，一是集成企业内外、国内国际各种研发资源和优秀人才，形成了自己的研发系统并保持较大领先优势；二是以市场需求为中心，聚焦消费者需求研发新产品；三是走模仿创新模式，通过自主研发掌握核心技术；四是加强与国内外高校和科研机构合作，建立产学研相结合的研发机构；五是帮助供应链上的配套厂商提升技术水平，实现产业链上下游共赢。[3]

（五）北京康比特体育科技股份有限公司

康比特公司重视不同消费群体的产品研发，通过加大研发力度确保其在行业中的领先地位。公司拥有众多发明专利，是我国运动营养食品行业标准及国家标准的第一起草单位。

① 贺光辉.华为公司技术创新战略研究[D].南京：东南大学，2019.
② 沈一天.A体育用品公司关于社交媒体的品牌营销战略研究[D].西安：西北大学，2020.
③ 殷勤.安踏：泉州传统优势产业技术创新个案研究[J].科技管理研究，2013，33（19）：21-24.

公司有专门的研究机构，拥有强大的自主研发能力。积极与科研院所合作，形成产学研联盟机制。公司建有现代化的实验室，配置了先进的检测分析设备。公司积极促进业内技术交流，承办运动营养食品国际论坛，起草相关国家标准和行业标准。公司不断吸收优秀人才，拥有众多国内运动营养产业的优秀科技人才，是集研发、生产、销售于一体的运动营养食品企业。公司重视科研成果转化，先后承担国家级、省部级课题，研制和开发100余种产品。在产学研合作上，公司与北京体育大学联合申报运动营养北京市工程技术中心，与相关院所合作编制标准，与部队建立产学研合作机制。此外，还与北京体育大学等高校建立实习基地和研究生工作站。同时，公司成功申请成为国家体育总局健身健美科研基地。①

（六）格力电器股份有限公司

2013年，格力电器组建企业研发团队，负责智能装备研发，当年智能装备产值超过5亿元。格力电器自主研发产品，不断取得新进展，突破多项关键技术，推出多款创新产品，并不断升级换代。

公司研发团队数量不断提升，研发人员超过一万人，研发投入占主营业务收入的4%左右。截止到2019年6月30日，格力电器累计申请专利53134项，其中发明专利24905项。②

（七）百度在线网络技术有限公司

百度公司长期坚定保持高强度研发投入，其研发费用支出占公司核心收入比例超过20%。《百度人工智能专利白皮书2022》显示，截至2022年4月，百度公司全球人工智能专利申请超过2.2万件，其中，中国专利申请量超过1.6万件，中国授权专利超过4600件。连续4年，百度公司自动驾驶和深度学习专利申请量均全球第一。

百度公司从实践出发，成立了松果学堂，搭建AI（人工智能）人才培养平台，并与教育部紧密合作，开展产学合作协同项目。百度公司还开办了高校深度学习师资培训班，吸引了数千名教师参训。其在人工智能上的持续研究与投入已经从

① 白厚增. 中国运动营养食品产业发展研究 [D]. 北京：北京体育大学，2016.
② 邓洁. 格力电器研发投入对企业成长性影响研究 [D]. 长春：吉林财经大学，2020.

技术、算法、算力、应用与产品扩展到人才培养、师资队伍构建方面。

（八）经验与启示

1. 优化科研管理机制

近年来，我国不断健全科研工作的管理机制，从课题审批、资金监管、团队激励、人才评估等方面不断优化创新。例如，2021年，科技部"数学和应用研究"重点研究专项第一次采用"揭榜挂帅"的方式。再如，中国航天科工集团通过职称晋升、薪酬分配向重要贡献者偏斜的激励机制，极大地调动了科研人员的科研激情，形成了良性的技术创新生态。又如，南京航空航天大学一名副教授与企业合作，成功研发出用于智能手机屏幕打磨的固结磨料抛光垫，并大规模投产应用，打破了国外公司的全球独家垄断。凭借这一突出成果，他在职称评审中获得高度认可，顺利晋升教授。认可并肯定每位教师在各自领域的突出贡献和成果，是学校持续努力的方向。①

以上经验为运动促进健康技术研究平台运行管理带来很多启发，作为体育系统的体育科技平台，要尽快建立完善的科技管理机制，积极整合多方优势资源，形成推动核心技术突破的合力，坚持以成果、业绩和突出贡献为导向建立评估制度，大胆改革薪酬分配制度，尤其要结合健康中国战略，通过体制机制改革和资源保障培养面向未来的创新人才。

2. 实施首席科学家负责制

首席科学家负责制是以色列首创的科技管理模式，通过在28个部设13名首席科学家以及首席科学家办公室，协调相关科技活动，确保该国科技发展规划的落实。我国各科研院所也开始尝试首席科学家负责制并取得较好效果。例如，2020年5月，《山东省重大科技创新工程项目管理暂行办法》率先以规范性文件推行组阁揭榜改革，鼓励科研机构积极引进外部创新资源，攻克山东省在产业发展方面急需解决的技术难题。该办法提出的组阁制，指由多个法人单位共同揭榜或联合攻关并采用首席专家领导负责制。首席专家经项目承担单位同意，在自觉接受监督的情况下，在选聘项目组成员、决定项目技术路线、自主支配经费方面拥有自主权。云南省、四川省等各省（区、市）也开始实施首席专家负责制，由

---

① 科技创新，"揭榜挂帅"破立并举添活力，光明日报 [N]. 2022–03–06（10）.

首席科学家牵头负责技术方案设计并把握总体进度，避免科研活动外行指导内行。山东中医药大学通过对研发队伍实行首席专家领导负责制，赋予行政管理、考核评价等更多自主权；把能下放的权力基本上全部下放给首席专家，从而有效调动了科研人员的创新活力。该校组建的19个研发型科技团队，吸引了200多名科研骨干参加，通过3年实践，学校科研成果数量和质量均取得新突破。据统计，学校90%以上的科研经费、高质量学术成果、高水平科技奖励均来自首席专家团队。[①]运动促进健康技术研究平台也需要探索首席专家负责制模式，推进以项目负责人为核心的科研组织管理模式，赋予其更大的科研自主权。

3. 加快科研经费"放管服"改革

2021年8月，《国务院办公厅关于改革完善中央财政科研经费管理的若干意见》指出，要加大科研人员激励力度，提高间接费用比例，对数学等纯理论基础研究项目，间接费用比例可提高到不超过60%；扩大劳务费开支范围，科技成果转化现金奖励不受所在单位绩效工资总量限制，不作为核定下一年度绩效工资基数。目前科研项目资金可用于"人"的费用超过50%，这样的激励力度前所未有。[②]各省市积极推进科研经费"放管服"改革，赋予科研人员更大自主权。2022年6月16日，广东省九部门联合发布《关于减轻科研人员负担 激发创新活力的若干措施》，明确高校、科研院所等事业单位可凭技术合同提取和发放奖酬金，在绩效工资总量中单列管理。近年来，上海始终坚持科技创新与体制机制创新"双轮驱动"，出台一系列"硬核"科技政策组合拳。2019年，《关于进一步深化科技体制机制改革增强科技创新中心策源能力的意见》（沪委办发〔2019〕78号）提出6个方面25条改革举措；《关于进一步扩大高校、科研院所、医疗卫生机构等科研事业单位科研活动自主权的实施办法（试行）》明确科研事业单位在内部机构设置、人事、薪酬、科研项目与经费、科研仪器采购、科技成果转化等方面的自主权。这些措施打破了科研人员的收入"上限"，激发了科研人员开展成果转移转化的积极性。运动促进健康技术平台建设也需要在科研经费"放管服"方面探索新的激励机制。

① 刘洋，张鑫. 山东中医药大学：首席专家负责制激发创新活力 连续两年荣获国家科技进步二等奖 [EB/OL]. （2020–10–08）[2020–01–01]. http://news.iqilu.com/shandong/yuanchuang/2020/1008/4666615.shtml.
② 钟源. 国家多措并举赋予科研人员经费管理自主权 [EB/OL]. （2021–08–20）[2020–01–01]. http://www.jjckb.cn/2021-08/20/c_1310137682.htm.

4. 探索体卫融合服务新模式

当前体育系统主导的运动健康服务模式有上海模式、厦门模式、安徽模式3种。上海模式注重"社区主动健康计划"，形成1名社区医生、1名社会体育指导员、2名自我管理者的工作团队，依托社区开展运动干预，帮助患者控制慢性疾病，改善身体素质。厦门模式是一种"医院—社区—科研院所—政府部门"的运动健康服务模式，大家各负其责，体育部门和卫健委负责推动项目，街道社区负责提供场地资源，社区卫生服务中心和高校负责组建专家团队。安徽模式也是由体育局、社区、科技企业三方共同协作，建立体医联动的健康管理平台，提供线上线下相结合的运动健康服务。①运动促进健康涉及多部门联动，需要下功夫发挥各自资源优势，理清各自责任，发挥联动效应。

三、北京体育大学的初步尝试

（一）中国运动与健康研究院

高校科研机构是高校生产高深知识过程中最具活力的"细胞"，在产学研融合以及提升学校竞争力方面起着至关重要的作用。北京体育大学在改革进程中，将重质量、上水平列为头等大事。学校经过近70年的发展，科研资源、研究团队等条件逐年上升，人才中高级职称和高学历比例明显提高，科研专项经费和科技服务费成倍增长。在技术研究平台的改革发展中，不断引导体育科技工作面向社会需求，使科技工作与全民健身、运动训练、体育产业等紧密结合，不断提升体育科技对促进我国体育事业发展的贡献率。学校现有中国运动与健康研究院、中国体育政策研究院、中国体育大数据中心、体育赛事转播实验室等机构，形成了开放共享的技术研究平台。

学校技术研究平台以推进体育强国建设，积极响应健康中国战略和体育产业发展等重大战略需求为导向，瞄准全球运动科学发展领域，以基础研究和应用研究为导向，重点打造跨学科、交叉融合的开放平台，积极吸纳和汇聚海内外杰出学者，为全民健身、竞技体育和体育产业发展奠定理论基石，提供技术保障和人才智力支撑。2017年5月，北京体育大学校党委研究决定整合科学研究中心和教学实验中心

---

① 李刚. 老年顾客参与运动健康服务的价值共创路径研究 [D]. 上海：上海体育学院，2021.

优势资源，组建中国运动与健康研究院，目的是打造开放共享的科研平台，聚焦体育强国建设、健康中国战略等重大战略需求，形成体育发展战略高端智库、体育科学研究顶尖基地、体育科学人才培养基地和体育产业化发展示范园区。

中国运动与健康研究院拥有大量高精尖仪器设备，专业方向涉及体质健康促进、体能训练、身体机能评定、运动生物化学分析、低氧训练、基因选材等多方面，拥有多学科优势，有利于开展产学研融合，培养跨学科、复合型体育科技人才。研究院经过10余年的发展历程，在体育科技攻关与服务方面积累了一些宝贵经验，能够面向运动促进健康主战场，着力解决关键和难点问题，如开展运动处方师资培训，开办"体育科技大讲堂"系列讲座，并与企业深度融合。例如，成立安踏运动装备与表现研究实验室，举办运动鞋和运动服装领域的国际学术研讨会，开展联合课题招标，将成果直接运用于实践。

（二）重点任务

在新的历史时期，中国运动与健康研究院与时俱进，开拓创新，注重科研与社会服务相结合，以提高科学健身质量为目的，深化实验体系、研究内容、技术研发、成果转化等方面的改革，提高科学健身研究的质量和管理水平，成为具备一流的健身指导团队、一流的科学健身研究、一流的科学健身方法、一流的体质监测条件、一流的社会服务水平的平台，在科研和社会服务两方面发挥重要作用。

重点任务之一是开展全民健身科学研究。在科研方面，中国运动与健康研究院是进行全民健身科学研究的重要基地。现代科学技术已经渗透到体育的各个方面，一些新型体育器材装备的研制和改进为全民健身科学化提供了可能，现代医学、生理学、生物化学、生物力学、心理学及相关学科的最新成果在全民健身中的运用使得健身更加精确和科学，这充分说明科技发展及科研对提高全民健身水平的积极影响。中国运动与健康研究院的研究方向符合体育科技的战略需要，具有明确的研究目标和具体的研究任务。中国运动与健康研究院利用北京体育大学的综合优势，培养研究人员，探索新的体育学科，并重点围绕全民健身科学成果的产出和应用，致力于解决全民健身科研方面存在的诸多难题。研究院还积极争取国家、社会等的大力资助，获取国家全民健身领域的科研任务、横向科研项目和国家自然科学基金项目等，在全民健身科学研究领域取得突破。

重点任务之二是开展全民健身科技服务。国民体质健康的提升离不开运动科学的保障，其相关研究包括体质健康测评、运动处方设计、科学健身方法研究、不同群体健身手段、医务监督、慢性病干预、运动康复等。随着运动人体科学、运动医学、康复学、健康管理、人工智能、大数据等学科的发展，世界各国都在加强大众健康方面的科学研究，并不断将其研究成果应用于全民健身服务中。实践证明，健身仅靠普通大众的个人经验是不够的，必须依靠科技支持和保障。中国运动与健康研究院通过政策支持、课题立项办法等手段，鼓励和带动大批科研人员深入全民健身科技服务第一线，研究和解决全民健身过程中的难题，共同为提高全民健身效益发挥积极作用。研究院坚持面向大众健身主战场，坚持科技创新，做好社会服务工作，着力解决全民健身中的关键和难点问题，以科学健身为重点，加强科技服务体系建设。

总之，运动促进健康技术研究平台是开展运动与健康研究、开发及成果转化等活动的物质系统，是相关技术、人才、运营、服务、开发等管理系统在特定时空范围内的有机组合，目的是为运动促进健康提供专业、规范、高效的服务。本研究将就国家体育总局重点实验室进行研究，分析这些体育科研平台和重点实验室的资源条件、团队建设、质量管理、成果转化、协同创新、标准化管理等情况，力求为构建我国运动促进健康技术研究平台提供发展策略，达到促进全民健康、培养运动促进健康意识、强化科学锻炼和健身指导、加强技术交流和研讨的目的。

第二章　健康中国建设中的运动促进健康技术研究平台

第一节　我国运动促进健康技术研究平台现状

本研究所说的运动促进健康技术研究平台主要涉及体育类高校和体育科学研究所运行管理的重点实验室、国民体质监测中心等，这些体育科研基地和重点实验室通过硬件投资、队伍建设、新技术引进、科学管理、服务大众健康等，逐步构建起我国运动促进健康的技术研究体系。

一、健康中国、体卫融合与运动促进健康

（一）健康中国战略与运动促进健康

2016年8月，在全国卫生与健康大会上，习近平总书记再次强调"没有全民健康，就没有全面小康"，将全民健身上升到国家战略的新高度。同年10月，中共中央、国务院印发《"健康中国2030"规划纲要》，以提高人民健康水平为核心，以体制机制改革创新为动力，以普及健康生活、优化健康服务、完善健康保障、建设健康环境、发展健康产业为重点，把健康融入所有政策，全方位、全周期维护和保障人民健康，大幅提高全民健康水平。2017年10月，习近平总书记在十九大报告中提出实施健康中国战略，强调通过健康文明生活方式、预防控制重大疾病等行动为人民群众提供全方位、全周期的健康服务。2019年6月，《国务院关于实施健康中国行动的意见》强调从以治病为中心转变为以人民健康为中

心；《健康中国行动（2019—2030 年）》则针对心脑血管疾病、癌症、慢性呼吸系统疾病、糖尿病 4 类重大慢性病开展防治行动；《健康中国行动组织实施和考核方案》通过相关运行机制，确保健康中国行动得到有效实施。人民健康是民族昌盛和国家富强的重要标志，更是百姓关注的重要内容。2022 年全国两会调查结果出炉，"健康中国"关注度位居第九。运动促进健康相关研究是落实健康中国战略的重要平台，能够在全周期健康管理、健康生活方式引导、常见慢性病运动干预方法推广、医养结合等方面发挥重要作用，是全面打造健康中国，实现国家强盛、民族复兴的重要保障。

（二）体卫融合与运动促进健康

体卫融合是提升国民体质健康水平的需求。虽然国民体质监测结果显示我国青少年生长发育水平持续提高，国民体质健康水平总体向好，但慢性病患者基数仍有扩大趋势，全面提升国民体质面临诸多挑战。对此，国家在多个政策中提出要促进体育和医疗卫生行业的融合。例如，《全民健身计划（2016—2020 年）》明确提出推广"运动是良医"的理念；《"健康中国 2030"规划纲要》提出，加强体医融合和非医疗健康干预，建立完善针对不同人群、不同环境、不同身体状况的运动处方库，推动形成体医结合的疾病管理与健康服务模式。《中华人民共和国国民经济和社会发展第十四个五年规划和 2035 年远景目标纲要》把"推动健康关口前移，深化体卫融合"放在健康中国和体育强国建设的突出位置。2022 年 3 月，《关于构建更高水平的全民健身公共服务体系的意见》更是强调要建立体卫融合重点实验室，要求"国民体质监测站点与医疗卫生机构合作，推广常见慢性病运动干预项目和方法，倡导'运动是良医'理念"。

体卫融合倡导的"大体育""大健康"理念能够促进全民健身高质量、可持续发展。体卫融合融入运动预防疾病的概念，通过体育锻炼增强身体素质，能够预防慢性疾病的发生，达到运动治疗疾病的目的。体卫融合还能推动体育系统与医疗卫生机构的深度合作。体卫融合重点实验室就属于重要的运动促进健康技术研究平台，通过体育系统运动人体科学实验室、国民体质监测中心与医疗卫生机构的合作，促进体卫两大系统资源形成"1+1 > 2"的效果。

因此，推动体卫融合任务落地，需要积极构建运动促进健康技术研究平台，加强体育系统与医疗卫生系统的有效合作，为推动新时代健康中国战略实施提供可借鉴、可复制、可推广的成功经验。

二、重点实验室技术研究平台概况

作为国家体育科技创新体系的重要组成部分，重点实验室是组织高水平体育科研、聚集和培养科技人才、开展高层次学术交流的重要基地，在运动促进健康方面发挥着重要作用。本研究所说的运动促进健康技术研究平台主要依托体育院校和体育科学研究所建立的重点实验室，这些重点实验室通过硬件投资、团队建设、技术研发、健身科普、协同创新，已逐步构建出我国运动促进健康的技术研究体系。遍布全国的国家体育总局重点实验室重点突出、结构优化、创新能力和硬件条件优越，在我国初步形成全方位、立体化运动促进健康技术研发体系。这些重点实验室涉及运动营养、运动心理、运动医学、机能评定、体能检测等，在全国已初步形成全方位、一体化体质健康科研服务保障网络，为全民健身、国民体质健康、体育科技攻关做出重要贡献。本研究课题组于2020年9月就全国45个重点实验室进行现状调研，参与调研的实验室包括7个国家体育总局直属重点实验室、20个各省（区、市）体育局体育科学研究所重点实验室以及18个高校系统重点实验室。

各省（区、市）体育科学研究所、体育院校建设的设备精良、技术尖端的体育实验室或科技服务基地，能够以全民健身科技需求为出发点，服务于我国体育事业，已初步形成新形势下的中国技术研究平台体系。重点实验室名单和研究方向见表2-1。

表 2-1　国家体育总局重点实验室一览表

实验室依托单位名单	研究方向	实验室依托单位名单	研究方向
国家体育总局体育科学研究所	运动训练综合监控	国家体育总局体育科学研究所	运动心理训练
国家体育总局运动医学研究所	运动创伤和医务监督	国家体育总局运动医学研究所	运动营养
国家体育总局体育信息中心	体育信息研究	内蒙古自治区体育科学研究所	亚高原训练监控与机能评定
国家体育总局运动医学研究所	运动医务监督	贵州省体育科学研究所	亚高原训练
北京市体育科学研究所	运动能力监测与分析	云南省体育科学研究所	高原训练
河北省体育科学研究所	优秀运动员训练负荷诊断与调控	甘肃省体育科学研究所	亚高原训练

续表

实验室依托单位名单	研究方向	实验室依托单位名单	研究方向
山西省体育科学研究所	运动人体生物电与训练监控	青海省体育科学研究所	高原训练研究
黑龙江省体育科学研究所	冬季运动训练监控	新疆维吾尔自治区体育科学研究所	重竞技项目训练监控
上海市体育科学研究所	竞技运动能力综合评定	北京体育大学	运动训练
北京体育大学	体能训练与身体机能恢复	北京体育大学	运动应激适应
江苏省体育科学研究所/苏州大学体育学院	机能评定与体能训练	重庆市体育科学研究所	体质评价与运动机能监控
安徽省体育科学技术研究所	运动训练监控与评定	上海体育大学	运动技战术诊断与分析
山东省体育科学研究中心	模拟训练与训练技术创新	武汉体育学院/武汉理工大学	体育工程
河南省体育科学研究所	运动员机能评定	西安体育学院	运动技术分析与技能评定
湖北省体育科学研究所	运动员科学选材及机能评定	成都体育学院	运动医学
湖南省体育科学研究所	运动机能评定与恢复	沈阳体育学院	冬季运动项目技术诊断与机能评定
广东省体育科学研究所	体能与训练适应控制系统	吉林体育学院	冬季耐力项目
哈尔滨体育学院	冰雪运动基础理论与训练方法	浙江体育职业技术学院	水上运动科学
广州体育学院	运动技战术诊断与机能评定	天津体育学院	竞技运动心理与生理调控
首都体育学院	运动能力评价与研究综合	辽宁省体育科学研究所	人体机能评定与体能监控
江西省体育科学研究所	水上项目训练监控及干预	上海体育大学	运动认知评定与调控
中国反兴奋剂中心	食品药品兴奋剂检测	四川省骨科医院	运动创伤预防

　　技术研究平台的经费来源包括国家体育总局、各省（区、市）体育局和地方科技厅，同时依托单位能够投入基础建设经费和年度运行经费，协助研究平台开展科研项目申请、全民健身科普等工作，因此技术研究平台的设施装备、环境条件、人员结构和研究领域等条件能够在解决关键问题、瓶颈问题中积极发挥科技先导作用。例如，湖北省体育科学研究所购置的精良设备能通过人体激光三维扫描、脊柱测量和骨关节扫描等，指导科学健身；武汉体育学院的体育工程实验室

投资构建的帆船帆板科研工作平台，能够开展海上体能训练测试、器材流体力学及关键技术研究等科技工作。在强有力的资源保障下，技术研究平台由过去主要进行理论论证和科研实验教学活动转变为面向运动促进健康、服务于全民健身、引领科技前沿等。

统计表明，重点实验室总面积为128402平方米，室均2918平方米；实验室普遍拥有先进的科研仪器设备和完善的配套设施，仪器设备价值合计13.99亿元，平均各实验室拥有设备价值3109万元。重点实验室的人员素质相对较高，拥有一批优秀的体育科技人才，在编队伍达到1273人，室均28人；其中副高级和正高级职称人才617人，室均14人。在编人员中，博士学历442人，室均10人。实验室主任具有正高级职称的比例达88.4%。8年来累计培养博士后39人，博士研究生523名，硕士研究生4090名。随着对人才队伍建设的重视，各科研机构大量引进硕士甚至博士以上学历人才，迅速提升了高学历人才队伍的比例。但年轻人受资历、经验制约，短时间内还难以开拓新的研究领域，难以创造性地解决重大、关键科学技术问题。

三、研究水平与贡献

（一）聚焦健康中国战略

重点实验室定位明确，为推动健康中国、体育强国两大战略的顺利实施，能够积极落实全民健身公共服务体系"十四五"重要部署，积极探索运动促进健康的路径，培育"主动健康"意识，推动健康关口前移，满足群众日益增加的科学健身需求。技术研究平台能够顺应科学规律，注重科研成果运用，并紧密联系实践创新，普及科学健身知识，推广健康生活方式，提升运动健身效果，真正解决全民健身中面临的实际问题。

这些实验室面向健康中国、体育强国战略，积极开展全民健身、体育产业推广等工作。8年来完成体质监测2082次，室均每年5.8次，覆盖人数1238.8万人次；全民健身科普2263次，室均每年6.3次，覆盖人数397.8万人次；科学健身指导21902次，室均每年60.8次，覆盖人数863.7万人次；体育产业开发及成功转化推广171次，室均每年0.48次，覆盖人数279464人次。还有一些活动不便统计。例如，上海体育学院制作的科普微视频，点击量超过15.1万次；国家体育总局信息所维护大众体育网，传播全民健身科普知识覆盖近10万人次。再如，河北省体育科学研究所就把体育科研与运动实践结合作为重点，集中研究疲劳恢复、青少年生长发育、机能诊断与调控方面的重大问题；山西省体育科学研究所的研究方向集中在运动人体生物电与训练监控实验方面；湖北省体育科学研究所所重点研究运动员科学选材与机能评定。在体育产业方面，国家体育总局信息所开发的体育产业统计机构名录库软件被全国31个省（区、市）、300多个地市、3000多个区县使用，修订的《体育产业统计分类（2019）》，研制的《体育单位名录元数据规范》行业标准供全国体育产业统计工作使用。

（二）注重学科交叉与融合

重点实验室能够开拓创新，注重体育与医学融合、科研与社会需要结合，以提高科学健身质量为目的，深化实验体系、研究内容、产业开发等方面的改革，提高体卫融合研究的质量和管理水平。科学健身涉及人体健康、运动处方、健身手段、运动营养、医疗康复、疾病预防等多领域，这些研究平台能够加强全民健身科学研究，注重多学科交叉渗透，提升科学化水平。通过积极开发课题、实施科研奖励、建立学术交流机制等开阔视野，提升实验室开放程度。通过开展多学科的相互渗透、交叉，集成多学科优势，从多学科角度进行综合分析，用先进的科学方法促进科学健身水平的不断提高，创新全民健身科技服务工作的途径。

技术研究平台一般都承担着大量的课题研究任务，既有国家级课题、奥运攻关课题、国家体育总局课题，又有科技支撑计划、省部级地市级课题等。统计表明，近8年技术研究平台累计承担国家级课题237项，其中主持171项，子课题牵头数78项，获2.03亿元经费；省部级课题1006项，其中主持923项，子课题牵头数73项，获得经费2.65亿元。备战奥运会科技购买服务457项，获得经费1.24亿元。横向课题获得经费1.24亿元。以平台为主要完成单位，累计发表SCI（科学引文索引）论文457篇，核心期刊1951篇，撰写著作376部，获得专利或著作软件418项。平台累计获得国家级奖励20项，省部级科技奖296项，中国体育科学学会奖54项。

（三）打造科学健身人才团队

各技术研究平台能够建立一支稳定的全民健身科研团队和科技服务团队，不断拓宽全民健身人才知识领域，使其及时掌握全民健身领域的新知识、新技术和新方法，在全民健身科技工作中发挥优势。通过构建集科学研究、健身指导、运动营养、医务监督等多学科于一体的综合性科研团队，开展综合性科技健身服务，解决大众健身中存在的关键问题。能够积极鼓励青年人才深造，选拔培养优秀中青年学术带头人，增强科研人员的学术责任。

（四）加强学术交流与合作

国内外学术交流与科技合作是运动促进健康相关研究的重要手段，也是技术研究平台提高研究水平、学术水平、管理水平、服务水平和走向世界的重要渠道。发表论文、出版专著、参加国际会议、组织国际会议等是研究平台向国内外同行展示自身学术水平和科研水平的主要形式。各技术研究平台都有自己独具特色的科技攻关领域和手段，通过多种形式和途径积极参与国内外学术交流与科技合作，为运动促进健康做出重要贡献，得到各方认可。例如，青海省体育科学研究所研究高原低氧环境下低氧适应及健身锻炼对健康促进的糖代谢组学、蛋白质组学的分子信号通路等机制问题，研究高原低氧环境下不同海拔地区人群不同项目健身锻炼的运动处方。很多平台能主动与社会科研机构开展横向联合，积极与企业联合共建实验室或主动与市场对接，加强科技成果转化。例如，北京体育大学运动与健康研究院能创新自主技术，与清华大学共同研发远红外瓷珠训练康复设备，成立压力缓解室，结合物理治疗、心理调节和生理调节等多种方式开发新的疲劳恢复手段。

（五）健全平台管理机制

研究平台能够组织科研力量，研究解决新形势下全民健身领域中的重大问题，加强国际交流与合作，掌握先进的前沿方法和理论知识，并积极运用到全民健身实践中。同时，能够加强健身信息网络平台建设，进一步发掘人才和资源潜能，为大众开发更加优质的服务。此外，还能够结合可穿戴设备发展，设计面向百姓的全新的人机交互方式和用户体验，在健身、医疗保健、娱乐等方面提供精细化服务。随着我国综合国力的增强以及体育事业的飞速发展,技术研究平台的目标定位正向应用研究延伸,通过成果转化积极服务于全民健身实际,促进原创性成果为体育事业服务,用全民健身的实际需求激发平台的创新力度,在应用基础研究中深入持久地进行原始创新并向技术创新延伸。

第二节　运动促进健康技术研究平台运行中存在的问题及对策

一、运动促进健康技术研究平台的发展困境

（一）建设不规范、发展不均衡、目标不清晰

技术研究平台在不同经济发达地区差异巨大。各平台仪器设备均值达到3109万元,但不同平台差距很大,最少的实验室平台仅仅有220万元的科研设备,而最高的实验室平台拥有1.05亿元的科研设备,两者相差47.7倍。实验室面积最小的只有126平方米,最大的有11400平方米,两者相差90.5倍之多。实验室人员最少的只有4人,最多的有80人,两者相差20倍。对于经过十余年培育依然没有起色的实验室,要考虑淘汰或转型。

科技成果转化是科技与体育实践结合的最好形式,要使科技成果变成现实的生产力,就需要体育科技工作者与运动实践工作者共同努力,创造有利于成果转化的环境条件,加快成果转化的步伐,为解决体育事业发展中的难点、热点、重点问题做出贡献。因此,各平台应积极探索科技成果转化运行机制,提高科技资源的利用率,发挥技术研究平台对体育事业发展的重要支撑作用。

为保持技术研究平台的引领性和创新性,必须定位准确、目标清晰,持续围绕几个重点目标攻坚克难,持续产出重大成果。调查显示,虽然研究平台能够鼓励带动科研人员深入一线,着力解决全民健身关键技术和难点问题,但得分最低的一项为"注重科技成果转化,围绕全民健身解决现实问题",说明平台发展定位没有很好地对应国家战略,难以在服务体育事业发展需求中做出更大业绩。具体见表2-2。

表 2-2　技术研究平台【发展目标】相关情况统计表

选项	完全符合/%	比较符合/%	一般/%	不太符合/%	完全不符合/%	分值
发展定位明确，科研工作能够有效对接体育事业需求	42.42	51.52	3.03	3.03	0.00	4.33
鼓励带动科研人员深入一线，着力解决全民健身关键技术和难点问题	33.33	39.39	18.18	9.10	0.00	3.97
能够集成医学、生理学、生化、生物力学、心理学等学科成果，积极在运动促进健康领域中运用	27.27	42.42	24.24	6.07	0.00	3.91
实验室研究领域独特，与其他体育实验室存在较大差异	27.27	33.33	30.30	9.10	0.00	3.79
注重科技成果转化，围绕全民健身解决现实问题	15.15	51.52	27.27	6.06	0.00	3.76

（二）领军人物短缺，人才高地建设有待优化

缺乏学术带头人，人才面临老龄化问题。目前技术研究平台负责人整体年龄偏大，平均年龄为54岁，其中有4位实验室主任年龄超过60岁，还有很多接近60岁，面临退休；另外，由于实验室主任发生人事变动等，新人没有及时更替，目前有两个实验室主任空缺。有5个实验室在编人员不足10人，最少的实验室仅有4名在编人员。例如，内蒙古自治区体育科学研究所37名在编人员中高级职称的仅有5人，贵州省体科所26名在编人员中高级职称的仅有3人，比例过低。

另外，各平台引进大量高精尖仪器设备，如何保证设备良好运行就格外重要，但几乎没有平台设置编外仪器设备维护人员。设备的日常维护保养对延长设备的使用寿命至关重要，维护保养不仅要完成日常保养及突发性故障排除，还要利用科学方法降低维护保养成本，提高工作效率，使设备始终保持良好的性能和状态。若能配备专职仪器设备维护人员，则既能处理临时故障，又能定期开展维护保养。有针对性地预防维修可以缩短停机修理时间，增加仪器设备的可用机时，提高使用效率。在维护人员的支持下，仪器设备应以预防维护为主，尽量减少事后维修。

在人才队伍建设中，部分平台能使用编外人员参与工作，这批编外人员既能缓解实验队伍人手不足的矛盾，又能在参与实验操作、设计、管理等过程中，获得丰富的实践知识，有利于培养人才、交融理念，以适应不同科研工作岗位的要求。技术研究平台需要构建一支由研究生、本科生、进修生、访问学者及外协人员等组成的研究助理队伍，协助实验室开展各项工作，操作基本的实验仪器，并能够进行简单的设备维护和技术支持。调查显示，平台还没有把发现、培养和稳定人才作为长期重要战略任务，无法建立具有团队意识的创新队伍。具体见表2-3。

表2-3 技术研究平台【团队建设】相关情况统计表

选项	完全符合/%	比较符合/%	一般/%	不太符合/%	完全不符合/%	分值
建立良好的科研人文关怀环境，营造宽松、和谐、奋发向上的人际环境	36.36	36.36	27.28	0.00	0.00	4.09
重视选拔培养优秀中青年学术带头人	33.33	42.42	21.21	3.04	0.00	4.06
注重团队带头人的选拔和培养，加强团队成员的配置与开发	33.33	39.39	24.24	3.04	0.00	4.03
打造特色鲜明、引领作用突出、产业发展急需、研发基础好、竞争优势强的科技创新团队	30.30	30.30	27.27	9.09	3.04	3.76
以重大项目为载体，着力构建高层次人才创新平台，达到人才带项目、项目出人才的效果	24.24	42.42	24.24	3.04	6.07	3.76
强化人才管理，建立岗位聘任制，实施按贡献分配收入的政策	27.27	33.33	33.33	0.00	6.06	3.76
建立适应团队绩效和成果考核的评价机制	24.24	30.30	30.30	12.12	3.03	3.61
推行固定岗位与流动岗位相结合，促进科研、管理、开发等人员的合理流动	21.21	39.39	15.15	24.25	0.00	3.58
除奖励机制外，在人才管理中运用一定的惩罚措施	15.15	21.21	33.33	27.27	3.04	3.18
在荣誉、资助、医疗等待遇方面为优秀人才创造良好环境	6.06	33.33	27.27	27.27	6.07	3.06

（三）目标定位不清，重大原创性成果产出少

作为体育系统为数不多的技术研究平台，应该全方位对接体育事业发展各项需求，在关键技术创新上谋求发展，但实验室现有目标并不清晰，工作也不到位，体制机制运行不畅，技术创新难以取得突破。例如，"缺乏深层次、高水平、实质性的国际科技合作""激励政策不完善，无法满足科技体制改革和体育改革需要""基础性理论研究和关键技术创新突破上存在较大差距""科研管理制度不完善，难以引导科研人员开展市场分析、成果转化等工作"。具体见表2-4。

表 2-4 技术研究平台【面临困难】相关情况统计表

选项	完全符合/%	比较符合/%	一般/%	不太符合/%	完全不符合/%	分值
缺乏深层次、高水平、实质性的国际科技合作	24.24	21.21	15.15	30.30	9.10	3.21
激励政策不完善，无法满足科技体制改革和体育改革需要	15.15	33.33	18.18	21.21	12.13	3.18
基础性理论研究和关键技术创新突破上存在较大差距	12.12	27.27	24.24	24.24	12.13	3.03
科研管理制度不完善，难以引导科研人员开展市场分析、成果转化等工作	3.03	36.36	24.24	27.27	9.10	2.97
缺乏科技资源和信息共享机制，资源效益难以发挥	3.03	33.33	27.27	24.24	12.13	2.91
没有用好"大健康"概念，与医疗结合不够，对市场把握不足	3.03	36.36	27.27	9.09	24.25	2.85
科研工作存在严重个体化、小型化、分散化现象，多学科交叉研究面临诸多困难	6.06	27.27	24.24	27.27	15.16	2.82
技术研究平台可持续发展后劲不足，拔尖人才匮乏	0.00	30.30	36.36	18.18	15.16	2.82
仅关注运动队科技服务，没有很好地对接地方、企业、社会等需求	6.06	15.15	42.42	21.21	15.16	2.76
协同共享方面缺乏整体优势，跨学科团队尚未形成，难以承担高层次、多学科的重大项目	3.03	30.30	18.18	33.33	15.16	2.73
整体站位不高，没有从大格局、大体育、大健康的角度思考问题	9.09	18.18	18.18	36.36	18.19	2.64
难以形成科技助力奥运争光和全民健身的协作机制	6.06	12.12	24.24	24.24	33.34	2.33
技术研究平台硬件资源条件太差，保障机制不配套	0.00	15.15	18.18	45.45	21.22	2.27
实验室规划思路不清晰，特色优势不鲜明、不突出	0.00	18.18	15.15	33.33	33.34	2.18
实验室规章制度不完善，组织机构不健全	0.00	6.06	30.30	24.24	39.40	2.03

实验室缺乏科学管理机制，没有形成竞争氛围。在现状描述中得分较低的几个方面包括：学科强强联合不够，科研成果有效转化不够；未建立高效、规范、标准的创新业务流程，未建立主任任期目标制和任期终结审计制，缺乏与企业联合共建，没有具有激励性的财务分配机制、评价机制，缺乏奖优罚劣的竞争氛围

等。多数实验室认为自己已经"积累了本领域开展科技服务的丰富经验""硬件条件优越，能够很好地满足体育科技发展需求"，但相关激励机制、融合机制、创新机制、评价机制等没有到位，导致实验室实际效益并不好。具体见表2-5。

表2-5 技术研究平台【整体条件】相关情况统计表

选项	完全符合/%	比较符合/%	一般/%	不太符合/%	完全不符合/%	分值
积累了本领域开展科技服务的丰富经验	60.61	39.39	0.00	0.00	0.00	4.61
硬件条件优越，能够很好地满足体育科技发展需求	27.27	57.58	9.09	6.06	0.00	4.06
在运动队科技服务方面有很强的技术创新能力	27.27	54.55	15.15	3.03	0.00	4.06
拥有本领域资深专家、学者	33.33	45.45	12.12	6.06	3.04	4.00
在全民健身领域有很强的技术创新能力	24.24	36.36	21.21	18.19	0.00	3.67
学科综合齐全，能够实现学科强强联合	18.18	39.39	33.33	9.10	0.00	3.67
科研成果能够得到很好的转化	9.09	45.45	36.36	9.10	0.00	3.55

（四）技术研究平台效益面较窄

体育科技的发展呈现知识高度综合的态势，高度综合化、系统化、整体化和交叉化也日益成为体育科研领域的主流趋势。在体育科技创新工作中，需要加强自然科学、人文科学等不同学科之间的交融，注重多学科知识的融合，积极组织跨学科研究，提高解决体育领域现实问题的能力，但目前技术研究平台成果水平还有待提高。整体来看，技术研究平台SCI论文发表数量偏低，室均年发表仅1.07篇；核心期刊室均每年仅发表4.76篇，还有很多实验室SCI论文发表为零或者没有国家级、省部级课题；有的实验室也没有参与备战北京冬奥会或东京奥运会科技购买服务项目。室均获得中国体育科学学会奖1.24个，分到4次评审中，每次仅0.31个奖项。作为集中全国体育科研资源最多的平台，产出成果明显不足。表2-6显示，分值最低的选项是"在服务社会的过程中产生巨大的经济效益"。

运动促进健康技术研究平台，尤其要注重营造科学技术氛围，通过交流碰撞、启发诱导、潜移默化等方式来孕育和引燃创新性的思维，使平台成为创新思想的摇篮，不断扩大平台综合效益。

表 2-6 技术研究平台【综合效益】相关情况统计表

选项	完全符合/%	比较符合/%	一般/%	不太符合/%	完全不符合/%	分值
实验室的技术服务能力和技术实力不断提升	30.30	63.64	6.06	0.00	0.00	4.24
在优秀体育科技人才培养方面发挥重要作用	30.30	57.58	12.12	0.00	0.00	4.18
在竞技体育科研攻关和科技服务中发挥重要作用	27.27	57.58	15.15	0.00	0.00	4.12
实验室科学训练、科学研究和科技保障"三位一体"无缝衔接	33.33	39.39	24.24	3.04	0.00	4.03
在全民健身相关科研领域中发挥重大作用	21.21	60.61	9.09	6.06	3.03	3.91
技术研究平台建成后成效显著,积极性得到极大提升	24.24	45.45	27.27	3.04	0.00	3.91
几乎没有闲置设备,仪器使用率很高	24.24	42.42	27.27	6.07	0.00	3.85
在重大科研项目研究方面发挥重大作用,取得优异成绩	21.21	48.48	24.24	3.03	3.04	3.82
在服务社会的过程中产生巨大的经济效益	21.21	36.36	27.27	12.12	3.04	3.61

(五)服务对象失衡,全民健身服务绩效水平较低

实验室全民健身科技服务绩效得分普遍较低,没有一个得分超过4分,多数集中在3.5分左右,属于"一般",见表2-7。作为省部级重点实验室,在健康中国战略指导下,应该面向社会需求,思考解决各种核心问题,如体医融合,慢性病干预,老年健身,青少年近视、肥胖预防,智能健身,虚拟运动,等等,但各实验室仅聚焦竞技体育科技服务,没有从大格局、大体育、大健康的角度运营实验室。

表 2-7 技术研究平台【全民健身科技服务绩效】相关情况统计表

选项	完全符合/%	比较符合/%	一般/%	不太符合/%	完全不符合/%	分值
对促进当地科学健身知识普及做出重要贡献	30.30	45.45	9.09	12.12	3.04	3.88
对全民健身领域的需求极为敏感,能够主动对接社会服务	24.24	42.42	24.24	6.06	3.04	3.79
服务涵盖运动处方、不同人群科学健身、医务监督、常见病科学健身与康复等多领域	30.30	33.33	24.24	9.09	3.04	3.79

续表

选项	完全符合/%	比较符合/%	一般/%	不太符合/%	完全不符合/%	分值
积极推进体医融合，推广常见慢性病运动干预手段	27.27	42.42	18.18	3.03	9.10	3.76
能结合当地对全民健身的需求，提出实验室平台建设的整体规划	24.24	39.39	24.24	9.09	3.04	3.73
加强科学健身指导及科技研发人才培养，构建全民健身人才培养体系	18.18	45.45	27.27	6.06	3.04	3.70
推动当地构建全民健身智慧化服务机制	21.21	45.45	21.21	6.06	6.07	3.70
积极与卫健部门协同，引导全社会参与运动促进健康工作	24.24	27.27	36.36	9.09	3.04	3.61
深入社区、企业、学校等开展科学健身活动	21.21	42.42	21.21	3.03	12.13	3.58
根据不同群体（青少年、老年人、妇女、慢性病）研发健身方法，开发器材设备	15.15	39.39	27.27	15.15	3.04	3.48
推动农民、妇女、残疾人等开展科学健身活动	6.06	48.48	33.33	9.09	3.04	3.45
积极为智能健身、云赛事、虚拟运动等新兴运动提供支持	12.12	36.36	42.42	3.03	6.07	3.45
能针对青少年近视、肥胖等问题进行运动干预	21.21	24.24	33.33	18.18	3.04	3.42
结合老年人特点研发体育健身休闲项目	9.09	39.39	30.30	15.15	6.07	3.30

（六）合作渠道匮乏，科技创新与服务社会脱节

技术研究平台的社会合作渠道仅局限于课题的短期合作，项目一旦结题，合作随之结束。产学研方面只有比较低层次的合作方式，合作共建实验室、设立研发机构等合作方式几乎没有，借助社会力量共同发展的局面没有形成。从表2-8可以看出，分值垫底的问题涉及企业联合共建与合作。

表2-8　技术研究平台【运行管理】相关情况统计表

选项	完全符合/%	比较符合/%	一般/%	不太符合/%	完全不符合/%	分值
实验室管理体制顺畅，运行机制良好	36.36	51.52	12.12	0.00	0.00	4.24
经常进行多种形式的学术交流活动	36.36	42.42	18.18	3.04	0.00	4.12
能够有效整合内部和外部创新资源	27.27	45.45	24.24	3.04	0.00	3.97
注重多方协作，主动与社会各方开展横向联合	30.30	39.39	21.21	6.06	3.04	3.88

选项	完全符合/%	比较符合/%	一般/%	不太符合/%	完全不符合/%	分值
能够加强信息化平台建设,有较高的创新效率	27.27	33.33	33.33	6.07	0.00	3.82
鼓励交叉学科研究,已建立跨学科融合机制	24.24	36.36	33.33	3.03	3.04	3.76
已建立完善的资源共享机制,资源利用率不断提高	18.18	33.33	42.42	3.03	3.04	3.61
已建立高效、规范、标准的创新业务流程	24.24	27.27	27.27	12.12	9.10	3.45
已建立主任任期目标制和任期终结审计制	21.21	15.15	39.39	21.21	3.04	3.30
实验室积极与企业联合,建立联合实体或共建实验室	18.18	27.27	27.27	15.15	12.13	3.24
已建立具有激励性的财务分配机制	9.09	27.27	36.36	15.15	12.13	3.06

二、运动促进健康技术研究平台的发展建议

调查显示,得到各研究平台最高认可度的建议包括"从科研资助、成果转化、生活待遇等多方面构建激励机制,促进科研水平提升""强化国内外前沿学术研讨和交流,拓展科研人员视野""创造宽松的科研环境,加强青年人才培养力度,形成科研梯队,设立激励机制"等。这说明技术研究平台已认识到人的重要作用,首先,希望在人才团队管理方面加强思考;其次,希望技术研究平台主动对接国家需求,明确发展定位,建立跨学科研究集群,实施新发展任务。同时建议技术研究平台内部加强改革,建立科学合理、切实可行的管理体制,优化体育科技创新机制。提高技术研究平台综合效益对策情况统计表见表2-9。

表2-9 提高技术研究平台综合效益对策情况统计表

选项	完全符合/%	比较符合/%	一般/%	不太符合/%	完全不符合/%	分值
从科研资助、成果转化、生活待遇等多方面构建激励机制,促进科研水平提升	81.82	15.15	3.03	0.00	0.00	4.79
强化国内外前沿学术研讨和交流,拓展科研人员视野	78.79	18.18	3.03	0.00	0.00	4.76
创造宽松的科研环境,加强青年人才培养力度,形成科研梯队	75.76	21.21	3.03	0.00	0.00	4.73
对接健康中国战略,在体医融合、军民融合等方面进行重点突破	72.73	24.24	3.03	0.00	0.00	4.70

续表

选项	完全符合/%	比较符合/%	一般/%	不太符合/%	完全不符合/%	分值
实行目标管理，破除年龄限制，大胆启用优秀中青年拔尖人才	69.70	24.24	6.06	0.00	0.00	4.64
构建创新团队机制，努力培养学科领军人物	66.67	30.30	3.03	0.00	0.00	4.64
主动对接国家需求，明确发展定位，制订新目标，实施新发展任务	72.73	15.15	12.12	0.00	0.00	4.61
开展交叉合作，强化团队沟通、交流与碰撞，加强跨学科研究	66.67	24.24	9.09	0.00	0.00	4.58
积极开展成果推广和社会服务职能	66.67	24.24	9.09	0.00	0.00	4.58
设立科研人员可接受的客观化、定量化评价标准，从成果鉴定、文献检索、成果奖励、成果推广等多方面评价	57.58	39.39	3.03	0.00	0.00	4.55
加大科技成果转化奖励力度，提高科研项目转化率	60.61	33.33	6.06	0.00	0.00	4.55
瞄准体育科技重点领域，汇聚优势学科，建立跨学科研究集群	57.58	36.36	6.06	0.00	0.00	4.52
强化对技术研究平台的过程管理，提高科技平台工作效率	57.58	36.36	6.06	0.00	0.00	4.52
加快技术研究平台内部改革，建立科学合理、切实可行的管理体制，优化体育科技创新机制	60.61	30.30	9.09	0.00	0.00	4.52
大力改善技术研究平台条件，加强硬件资源投资	45.45	42.42	12.13	0.00	0.00	4.33

（一）聚焦科学健身，发挥引领示范作用

技术研究平台在数量和规模以及专业领域方面不断扩大和发展，在国家体育科技创新体系中发挥着重要的作用。从国家的角度看，应该紧密结合国家中长期科技发展规划和目标以及体育事业发展规划加强顶层设计，明确定位，合理布局。各技术研究平台方向需要凝练，应仔细梳理技术研究平台的研究与发展思路，提炼出重点和亮点，要有明确的近期、中期、远期发展规划，清晰的实施步骤；发展规划要突出特色，体现创新理念，提升管理质量和水平，凸显技术研究平台的创新能力、研究特色与发展定位，尤其应结合当地体育科技的新发展、新需求，做好相关研究与创新工作。对于技术研究平台下属的各个研究室，要有明确的研究方向和鲜明准确的定位，并进一步梳理各研究室的职责，落实责任人，

并正式挂牌。

（二）开展多方协作，注重借助社会力量

技术研究平台运行经费、配套研究经费等相对短缺，其综合实力没有完全发挥出来。技术研究平台在十几年的发展进程中已经产生品牌效应，应加强与相关部门沟通，积极获取地方支持；依托单位应适当增加课题经费匹配力度，技术研究平台还应加强与相关体育院校以及社会的合作、交流，调动和吸引社会资金。技术研究平台应重视开放性，保证对当地大众健身活动的科技服务与指导，做好国民体质监测、科学健身宣传、青少年体质促进等工作；同时要在大众体质健康类仪器设备的开放、使用、共享中提高设备使用率，服务社会。

（三）重视实践培训，建立科学健身培训基地

大众健身涉及面很广，服务对象数量庞大，仅靠少数人难以承担，因此，技术研究平台还将承担培训科学健身人才的重任，每年定期开展科学健身培训；同时应积极整合相关课程，研制技能认证标准，通过考试取证培养大批科学健身指导员，为社会提供专门人才。同时，依托院校建设的技术研究平台要积极培养在校生的全民健身科技服务能力，提高广大学生的科学健身实践技术水平，并通过承担地方政府或社会的科学健身任务，使学生在实践中不断成长。

（四）建立激励机制，重视科研团队培育

技术研究平台缺乏有学术造诣和影响力的年轻学术带头人，应创新人才培育机制，提高科研团队科技攻关与服务能力，真正为技术研究平台的科研工作提供强有力的技术保障。此外，还应该采取更加有力的措施吸引和凝聚高层次人才，除尽快引进学历高、实践经验丰富的人才外，还可设置流动编制，聘任相关专家引领技术研究平台的建设与发展。同时需加大内部人才培育力度，大力提升科研人员的学术水平、学位水平，在课题参与、科技评奖、成果发表、外派学习等方面给予重视和支持；在团队运行机制上要继续深化改革，挖掘潜力，全方位培养，使人才团队的综合素质得到进一步提升，促进技术研究平台在该领域尽快步入国内先进行列。

（五）加快成果转化，争创更高科研成果

技术研究平台成果转化水平偏低，国家级科技奖励数不多，应认真思考创新机制，鼓励技术研究平台多出成果，出好成果。人才是科技创新的重要载体，要着力形成激励科研人员积极投身科研工作的有效机制，并充分调动科研团队的主动性与创造力。同时需进行加快科技成果转化的对策研究，大力培育技术研究平台创新意识，增强内部开发动力。

各技术研究平台交流合作的方式主要是外出参加学术会议，国际国内合作课题项目较少，国际国内交流也多为"请进来"，"走出去"的还不多，多数技术研究平台没有内部定期研讨机制。对此，技术研究平台应加强交流合作，联合社会多方力量，打造技术研究平台品牌，提升技术研究平台地位，扩大社会影响力。要采取相应措施，加强各级体育科学研究所实验室与高校之间的联系和沟通，加强人才培养与合作，进一步扩大技术研究平台的影响，使其起到辐射和带动作用。技术研究平台在形成各自特色的同时，还应加强技术研究平台文化建设，形成深厚的文化底蕴，使技术研究平台工作再上一个层次。

（六）加强制度建设，完善各类体制机制

在运行管理方面，需进一步加强制度建设，内容要具体、细化，并有针对性，要全面覆盖设备管理、人员管理、质量管理、仪器使用、安全管理、急救措施、应急预案等内容。应做好技术研究平台档案记录与整理工作，全面搜集技术研究平台的学术与交流活动材料，以及承担课题的结题报告、结题鉴定、评价意见，获得的科技成果奖励等资料。需提高仪器设备使用率，并加强仪器使用管理，可建立统一格式的记录本，全面统计仪器使用测试情况及服务对象、课题、测试内容、测试数量等内容。仪器设备的实验记录必须做到规范、全面，实事求是，并做好日常操作的使用记录、维护保养记录等工作。要重视实验室质量管理与控制，条件成熟的技术研究平台可开展实验室计量认证或国家实验室认可工作。建议增加风险防范手段，对类似最大摄氧量的测试，应备好急救箱、除颤仪，配备具有医师资格的人员，建立应急预案；同时建议技术研究平台全员参加红十字会组织的心肺复苏等急救培训。

（七）扩大服务范围，创造更大综合效益

技术研究平台还应积极承担社会服务工作，积极与社区、学校、企事业单位合作，增强产学研开发力度，在体质监测、运动处方、康复预防、损伤恢复、运动营养、慢性病预防、减肥减脂、可穿戴设备研发等方面与企业开展合作与共建，为社会提供优质服务，使技术研究平台产生更加广泛的影响，获得社会效益和经济效益双丰收。在建设理念、管理模式、科技服务、研究体系、人才培养等方面不断探索和改革，确保技术研究平台在全民健身领域取得巨大成效。

总之，相关运动促进健康技术研究平台要根据国家体育发展战略目标，主动开拓全民健身科技服务保障工作，在科技研发平台软硬件方面结合环境构建、功能定位、目标凝练、产品创新、队伍培育、学术交流、社会发展等领域不断实现创新跨越，在技术研究平台软硬环境建设、功能定位、方向凝练、成果创新、团队培养、学术交流、社会服务等方面不断取得新突破。

第三章 技术研究平台交叉融合与协同创新机制

第一节 跨学科相关概念及理论

一、相关概念

（一）跨学科

"跨学科"来源于英语单词"interdisciplinary"，最早由美国社会科学研究理事会提出，20世纪60年代开始正式使用，国内研究学者将其翻译为"跨学科"。但因为各科研领域对跨学科认识的差异，该定义没有完全统一，也有部分学者将这一单词翻译为"交叉学科""多学科"等，造成一定程度上的概念混淆。

曼西利亚认为，跨学科研究要基于学科知识，不仅包括学科研究的成果，还包括学科的思维模式特点，重在整合而不是并列各种学科视角，要达到部分之和大于整体的效果。热普科提出更加整合和简明的定义："跨学科研究是一个回答、解决或提出某个问题的过程，该问题涉及面和复杂度都超过了某个单一学科所能处理的范围，跨学科研究借鉴各学科的视角，整合其见解，旨在形成更加综合的理解，拓展我们的认知。"唐磊认为，对跨学科定义的理解和把握，要了解与跨学科相关的一组概念，才能准确辨析跨学科与交叉学科等概念的区别。[①]整合上述关于跨学科的概念，本研究将跨学科定义为：超过两门以上的学科之间的知识

<hr>

① 唐磊.理解跨学科研究：从概念到进路 [J]. 国外社会科学，2011(3): 89-98.

相互交叉渗透，学科思维相互借鉴，从而产生新的研究成果的过程。

（二）学科交叉融合

2018年8月，教育部、财政部、国家发展改革委印发《关于高等学校加快"双一流"建设的指导意见》，提出要促进学科交叉融合，加强急需学科专业人才的培养。

学科交叉融合，即多学科交叉融合，涵盖学科交叉、学科融合，是指构建协调可持续发展的学科体系，打破传统学科之间的壁垒，促进基础学科、应用学科的交叉融合，促进文理渗透、理工交叉、农工结合、医工融合等多形式交叉，根据经济社会发展需求设置新兴交叉学科，培养满足国家社会发展需求的复合型高层次创新人才。

（三）协同创新

赫尔曼·哈肯撰写的《协同学：大自然构成的奥秘》一书中提道："协同创新过程中知识活动过程不断循环，通过互动过程，越来越多的知识从知识库中被挖掘出来，转化为资本，并且形成很强的规模效应和范围效应。"[①]

目前，学界对协同创新较为统一的定义概念来自陈劲和阳银娟于2012年在《科学学研究》上发表的《协同创新的理论基础与内涵》，该文对协同创新的定义为"是将各个创新主体要素进行系统优化、合作创新的过程，协同创新可以从整合以及互动两个维度来分析，在整合维度上，主要包括知识、资源、行动、绩效，而在互动的维度主要是指各个创新主体之间的互惠知识分享，资源优化配置，行动的最优同步，系统的匹配度"。

该文还指出，协同创新的内涵是各个创新要素的有机整合，以及创新要素在系统内部的无障碍流动。协同创新是以知识增值为核心，以企业、高校科研院所、政府、教育部门为创新主体的价值创造过程。

因此，协同创新是一个动态整合的过程，以大学研究机构为平台，以政府相关政策为保障，以多要素协同为主要运作方式，实现新的模式创新的过程。

---

① 哈肯.协同学：大自然构成的奥秘 [M].凌复华，译.上海：上海译文出版社，1995.

（四）跨学科组织

关于跨学科组织的定义，可从跨学科和组织两个方面解析——跨学科如上所述，是一个两门以上的学科之间的知识相互交叉渗透，学科思维相互借鉴，从而产生新的研究成果的过程。而组织则是指人们在一定环境下为了实现某个共同目标，按照一定的规章制度组合起来的团体。因此，跨学科组织就是一个将两门以上的学科知识融合交叉、相互借鉴，从而产生新的研究成果的研究团队。

二、跨学科相关理论

（一）跨学科理论

1. 系统论

系统论的核心是系统的整体性，突出系统的整体功能大于各要素功能之和。跨学科组织涉及多个学科，每个学科之间研究问题的方法有所不同，在进行同一问题的探究时，可以将每个学科的研究方法进行整理综合，筛选或创新出最适合该问题的方法，整合每个学科的优点，以实现1+1>2的效果。在运用系统论的时候也要注意整体性，即运用全面、综合的目光看待问题，注意学科之间的互动和交流，不能使学科之间完全分离，否则就违背了跨学科理论的系统性。

2. 协同学理论

协同学理论是研究由大量子系统组成的系统在什么样的条件下产生相变以及相变规律和特征的一门综合性科学。体育跨学科组织中的协同学理论主要是以组织内部各个学科之间协同合作为基础，为了共同目标，将各学科之间可以运用到的问题解决的部分进行合作协同，实现学科之间知识的互补，取长补短，以达到解决问题的目的，最后的成果或收益由各学科共享。例如，体育领域和电子信息技术领域进行跨学科组织构建时，只有统筹协调两个学科的优势，进行强强联合，才能创造出更大的活力。

3. 系统管理理论

系统管理理论是一种运用一般系统论和控制论的理论，是解决系统管理问题的理论体系。跨学科组织涉及大量人、财、物的调配，这需要很强的管理系统作为支撑，才能更加全面地调和各个方面，使整个组织内部的管理权、资源及成员等方面得到统一管理和调配。跨学科组织的管理是十分复杂的，且管理量大、管理难度高，还受到社会上各种因素的影响，如政治经济文化的波动对跨学科组织的管理是不小的挑战。系统管理可以在一定程度上减少跨学科组织运行过程中的突发状况，及时应对一些共性问题。

（二）学科会聚理论

学科会聚起源于"NBIC 会聚技术"，这一理念早在 2001 年就被提出，一开始是由纳米科技、生物、信息和认知这 4 个领域进行融合交叉，这 4 个学科的英文单词首字母合在一起就是 NBIC，从而诞生出"学科会聚"这一概念。"会聚"即不同领域学科之间的协同和融合，从而达到学科间的会聚。赵沁平在 2005 年发表的《建设科技平台　会聚学科力量　提高研究型大学的自主创新能力》[①]一文中对学科会聚做出了详细的解释，并提出了学科会聚的 4 种类型。下面对这 4 种类型做出进一步的拓展。

1. 学科交叉成长型会聚

学科交叉成长型会聚就是指不同学科的研究人员为了解决某一共同问题聚集在一起，运用各自学科的优势解决问题，从而共同成长的过程。学科交叉成长型会聚是比较常见且容易完成的一种类型，如典型的生物和医学的交叉融合，从而使医疗水平提升，生物研究方法得到拓展；医学与电子信息技术的交叉融合诞生出人工心脏等新兴科技，挽救了更多人的生命。这些都是学科会聚给社会带来的好处。类比到体育领域，体育可以与医学领域进行学科交叉，以帮助运动员制订符合人体运动规律的训练计划和康复疗法等。

2. 工程任务拉动型会聚

工程任务拉动型会聚是指不同学科学者围绕国家的指示性任务聚集在一起解决问题的过程。例如，清华大学的核能与新能源技术研究院，响应国家关于核能等新能源技术创新的要求，会聚了物理、化学、生物等多门学科，共同研发出许多科研成果，如高放废液处理技术和核能利用技术等。在体育领域，国家出台了一系列政策，如推动体育金融平台建设、运动员跨界选材等，为此各高校纷纷成立体育产业基地（或研究平台）。

---

① 赵沁平.建设科技平台　会聚学科力量　提高研究型大学的自主创新能力 [J]. 中国高等教育，2005(23): 3–4.

3. 新型技术推动型会聚

新型技术推动型会聚，顾名思义就是依靠新兴的科学技术聚集不同学科，以新型技术为依托实现学科之间的有机融合。新型技术的推动较为直接，因为有硬件支撑，在探究问题解决方法时会比较轻松，如近年来兴起的虚拟现实（VR）技术，可以帮助运动员在训练场地以外的地方模拟训练，大大降低了运动员的训练成本，同时创造了更为便捷的训练途径。

4. 科技平台吸引型会聚

科技平台吸引型会聚是指不同学科研究者在一段时间内依托同一大型科学设备进行研究。这一类型的会聚以科学设备为连接，不同学科之间的交流与融合依靠设备的运作。例如，在研究加速器时，依靠加速器这一大型设备催生了不同学科的会聚。在体育领域，这一会聚形式目前还没有投入使用，结合当下的政策来看，这一会聚类型具有很大的发展前景。

（三）跨学科平台环境构建

跨学科平台环境构建就是按照一定的原则为学科的交叉融合提供相应的物质基础，并遵循相应的规章制度，在合法的前提下运用各种人力、物力、财力进行学科间的交叉融合的过程。

1. 跨学科平台环境构建的原则

在进行跨学科平台环境构建时，要遵循以下几个原则：一是科学性原则。无论是何种环境构建都要遵循科学性原则，所有的工作以科学性为前提，也意味着各学科之间不可一味追求平等分工，应科学安排工作内容。二是教育性原则。跨学科平台的建设对于其所包含的各个学科来讲都是具有教育意义的，在平台工作的科研人员可以了解到其他领域的前沿知识，丰富自己的知识储备，从而向全面型人才的方向发展，也有利于提高工作兴趣。三是人本性原则。任何平台的构建都要尊重人的发展，无论是工作设置还是环境选择，都要选择适合人的发展的环境条件，以人为本，才能迸发更多创新的机会。

2. 跨学科平台环境构建的条件

跨学科平台环境构建需要一定的物质条件和国家政策支持，物质条件包括场地、资金、设备等，这些硬件设施是平台构建的基础，有了硬件设备做支撑，科研人员在进行学科构建时才可以无后顾之忧。在确保物质条件达标的同时，国家政策的支撑也必不可少。近年来，国家组建了一批重点研究实验室，并予以资金和政策的支持，教育部、财政部、国家发展改革委三部门印发《关于高等学校加快"双一流"建设的指导意见》，促进学科交叉融合，加强急需学科专业人才培养。在体育领域进行跨学科平台构建时，同样需要以上条件的支持，如需要设立专门的跨学科研究实验室，并配备研究人员办公室、研讨室和相关硬件设备；国家及政府层面积极颁布组建跨学科平台的相关通知或政策，为体育跨学科研究平台的创建提供良好的社会环境和理论支撑。

3.跨学科平台环境构建的途径

在进行跨学科平台的环境构建时，可以先选定学科的种类，然后挑选这些学科中的专业人员组建一支跨学科科研团队，确定团队的管理层和执行层，设置相应的规章管理制度，确保平台可以平稳运行。同时，建立平台内的奖励机制，确保科研工作积极有效，使得团队内的人员朝着一定方向努力。定期举办交流研讨会，实现科研成果第一时间共享，营造良好的科研氛围和工作环境。在进行体育跨学科研究平台构建时，可针对要解决的具体问题选定与其相关的学科交叉融合。例如，进行运动员跨界选材时，可以将滑冰、田径、生物及医学等相关学科结合起来，挑选专业知识较强的人员组建研究小组，针对运动项目跨界的特征，选取适合跨界的项目和运动员，并确定项目负责人来对整个选材过程全权负责。在研究运动项目的相通点以及运动结构等时，要实现研究进度和研究结果的更新共享，确保各个学科之间信息流通的效率，制定研究的激励和动力机制，等等。

第二节　国内外科技创新平台交叉融合经验与启示

深入发展创新驱动战略，建设创新强国，离不开高校拔尖创新人才与尖端科技研发的支撑。而重大科技的突破又离不开高校各个专业领域的交汇融通。学科专业间的交叉融合冲破了既有传统学科间的壁垒，模糊了学科领域和专业间的界限，使学科专业间交叉渗透、融合，建立符合当代社会经济发展要求的新型交叉学科，进而形成系统化、综合性的新型知识体系，有利于培育我国经济社会发展所需要的复合人才，解决人类面临的新问题、新挑战，满足当今社会科技创新的需求。

以诺贝尔奖为例，在诺贝尔奖百年历史中，有将近一半的奖项获得者属于交叉学科学者，体现着医学、物理学、化学等学科之间的融合。尤其在20世纪最后的25年间，95个自然科学奖中，交叉学科领域的45个，占据了得奖数量的47.37%。[1]诺贝尔化学奖因重视交叉学科对于化学领域的研究贡献，也被称为"诺贝尔理综奖"。2017年，冷冻电镜科技的三名创始人——理查德·亨德森、雅克·杜波切特、约阿基姆·弗兰克被授予诺贝尔化学奖。其中，弗兰克教授作为生物物理学家，因荣获诺贝尔化学奖而受到世人的关注。

国外优秀高校，如纽约大学、剑桥大学、墨尔本大学等，也都把建立学科交叉融合创新平台、培育交叉学科的复合型人才作为重点项目，并不断采取通过建立跨学科研究基金、推出跨学科研发计划、搭建国际跨学科合作研发平台等渠道促进学科交叉融合，不断拓展出新的科研领域，催生原创性科研成果。[2]目前，国内外高校也越来越注重专业之间的交叉和融通，因地制宜对高校跨学科创新技术平台建设进行大量探索和研究，以求培养适合我国当今社会发展需要的复合型创新人才，实现科技强国目标。[3]无论是国外产学协同创新的成功经验，还是国内对于跨学科平台建设、人才培养的实践探索，都为我国未来学科交叉融合发展，尤其是体育跨学科发展提供了很好的借鉴与启示。

一、美国斯坦福大学学科交叉融合创新平台 Bio-X 计划

（一）Bio-X 计划多学科交叉研究机构概况

美国高校在推动科技创新平台交叉融合建设、促进学科交叉融合发展方面历史悠久，且多所高校的学科交叉融合研究成效显著。20世纪60年代，美国高校相继与联邦政府合作，拓展实验室研究方向，致力于国家科技创新。与此同时，美国政府也加大了对高校科研经费的投入，多所高校相继开展学科交叉创新平台建设，将学科融合发展作为重点研究对象。进入21世纪后，学科交叉融合深入发展，跨学科研究体系逐渐完善，形成了系统化的、较为成熟的学科交叉融合体

① 郭兴.交叉学科与诺贝尔奖[J].百科知识，2016(23): 12-14.
② 范瑞泉，杨凌春.推动学科交叉融合　提升高校创新能力——赴澳大利亚大学考察启示[J].中国高校科技，2017(Z1): 24-26.
③ 胡尚连，龙治坚，任鹏，等.多学科交叉融合下实践教学体系的探索与实践[J].实验技术与管理，2019, 36(6): 210-213.

系。传统学科之间的边界被模糊，学科体系呈现出全方位、多层次、全面融合的网络式结构。[①]其中，美国斯坦福大学拥有18个跨学科的独立研究室、管理中心和研究院，已形成了有关化学与生态、社会文化与社会经济、环保与气候、医疗与卫生以及物理、材料、能量和空间的5个跨学科交叉分类，并构建了从全球经济社会调查到环保、能源、卫生等领域的跨学科研发协作平台。

美国斯坦福大学的Bio-X计划是一个以人类生命科学研究为基石，生物医药、工程、计算机科学、物理、化工等多学科相互交叉的大规模跨领域科学研究计划，该计划致力于从多学科视角了解人类生命科学研究的重大疑难问题，为生物科学研究开辟了一条新途径。其中的"Bio"为"biology"的缩写，"X"代指工程、化学、人文、社会伦理等与生物学交叉的专业。从1998年创立至今，Bio-X计划成功融合斯坦福大学的多学科资源，共吸纳了多达600名教授和数千名研发人才，并汇集了医生、物理学家、电子工程师、生物物理学家、社会学家和其他领域的专家，其卓越的人才和世界一流的设施极大地加快了思想和研究创新的流动。除了现代实验室空间外，Bio-X计划还提供了关键资源种子基金、研究生奖学金和风险基金，以推动早期研究，培养新一代跨学科科学家领袖。作为一家生物科学孵化器，Bio-X计划培育了国际合作文化，提供了多种资源来帮助人们研究非政府资金支持尚处于试验阶段的科学想法，并在生物研究领域做出了一系列突破性成果。Bio-X计划成功进行了基础科学、应用科学、临床生命科学以及生物转化等科学领域的研究，于2014年被权威学术团体美国国家学院评为国际生物学科学研究典范。

（二）Bio-X计划多学科交叉研究机构平台建设经验

1.建立相对独立的科研组织机构，多元人才荟萃

Bio-X计划是由斯坦福大学在校园开设的独立性研究组织，行政管理层级也和各高校的相同，是由各个院系的教师联合成立的实体性研究组织。但作为一家自主科研院所，Bio-X计划的研发人才并不是以编制为驱动力的，而是以项目为驱动力，以重大科学问题为牵引，面向社会公开招募、定向委派，把来自校内校外不同领域、不同学科的研发人才集中到一起，对该项目展开合作研究。Bio-X

---

① 杨鹏，张征宇.美国高校教学实施学科交叉与知识融合的经验及启示 [J].黑龙江教育学院学报，2019，38(10):47-51.

计划采用中心主任领导下的 PI（首席科学家或课题组长）负责制，打破了原有院系的行政管理束缚，使来自不同国家、地区、院系的科研人员更好地合作，增强团队的齐心力，形成一个"知识交易区"，产生多学科协同的知识催化效应，提升科研团队的整体实力。

Bio-X 计划的研究学者许多来自"草根阶层"，通过在斯坦福大学与其他科研工作者的共同努力，将大学与硅谷等科技中心高度融合。其著名的创业文化促进了许多领域的创新。Bio-X 计划在整个大学建立了一个师生高度互动的网络，跨越了传统的院系界限，为大型跨学科技术交叉型大学的人才运作方式开辟了新维度。

2. 拓宽融资渠道，吸引多方资金支持

Bio-X 计划面向各个科研人群（校内研究人员、来访研究者、博士后等），建立了各类别科研基金，并采取了多元化的资助与保障措施，如种子基金、风险投资基金、来访研究者基金等。充裕的项目资金支持激发了研究人员的研究动力，大大提升了跨学科创新平台的研究能力，促进了创新型科研重大成果的产生。自 2010 年至今，Bio-X 计划共启动十轮项目，完成了上百个跨学科研究成果的出版和专利申请工作。

同时，Bio-X 计划不断拓宽融资渠道，吸引社会资本的投入。与世界著名生物科技巨头 Amgen、美国生物制药龙头 Celgene 等国际知名企业进行技术合作，并获得了大量企业赞助；世界第二大基金会"诺和诺德基金会"设立了访问学者基金，以获得国际社会组织基金的资金扶持；与联邦政府进行科研项目协作，获得政府财政的大量补贴。除此之外，Bio-X 计划还积极鼓励社会个体捐款，支持科研项目的发展。Bio-X 计划通过多渠道的资金来源，为该计划内的科研项目提供了完备的资金保障体系，为跨学科科研项目研究的顺利开展提供了强大的后备力量。

3. 基础设施先进完备，资源设备共享

2003 年，斯坦福大学新建的生物跨学科研究大楼克拉克中心开创了新的合作模式。中心采取开放式建筑设计，方便科研人员交流。研究室设计精巧，具备高度灵活性，各个专业的研究室混合在一起，在做实验时相互协作，以产生新颖的科研课题与思维碰撞。斯坦福大学还注入了大量资本，为克拉克中心配备了大批高科技仪器设备，为科学研究人员提供了最先进的实验设施。为鼓励各个专业领域的技术研究人员交流与协作，Bio-X计划还提供了公共设施服务平台，建立设备资源共享机制，通过数字技术控制设备仪器的预约使用与闲时升级维修，大大提高资源设备的使用效率，为跨学科交叉研究提供支撑。

4.建立科学有效的组织管理体系，以提升平台管理效率

在管理结构方面，斯坦福大学实行由校领导管理的独立科研机构管理模式。Bio-X计划也是斯坦福大学多个独立科研机构之一，是一个由多个院系教授所构成的正规研究实体组织，和斯坦福大学各个院系的行政级别一样，直接由校领导负责管理，包括审批Bio-X计划项目的活动范围、组织结构、经费预算等，并从学校层面组织各相关部门推动和保障跨学科研究活动的开展。目前，Bio-X项目计划采用在理事会主导下的部长负责制，主管内部的日常管理，并设置了若干个项目负责人，主管具体科研项目的日常事宜。该项目计划包括3个理事会：执行委员会、科学咨询工作委员会和科研领导委员会。其中，执行委员会由7名成员组成，负责Bio-X科研方向和规划以及克拉克中心的研究空间与运作，做出所有高层决策。理事会则由研究副教务长、医学院系主任、工程研究所副所长、人文科学学院系主任、地球科学学院系主任、Bio-X部长及Bio-X行政副部长等构成；科学咨询工作委员会负责把Bio-X计划同斯坦福大学的同学、父母以及朋友、社区相连接，并促使他们共同支持该项目计划；科研领导委员会则负责提供有关Bio-X科研方面的意见，并负责评审奖学金。

另外，在Bio-X计划内部的领导层成员也会在不同委员会内部身兼许多职位，交叉型的任职管理方式给专业交叉融合带来了各个层次的管理支持，也极大提升了行政管理水平。

斯坦福大学通过印发RPH（Research Policy Handbook，研究政策手册）对Bio-X计划的运行进行统一管理，包括对人员构成及行为约束、项目开展实施、资金用途等方面进行规定，且Bio-X计划要定时接受学校主管部门的审查，对运行项目、研究方向、人员组成进行调整，以适应研究变化。Bio-X计划的管理体制科学严谨规范，极大提升了科研项目的运行效率，可避免组织管理冲突的发生。

5. 明确科研成果归属，对教师考核进行科学评价

斯坦福大学为了保护Bio-X计划等多学科交叉研究机构的科研成果、明确成果归属权，出台了一系列关于知识产权的保护措施。科学家在研究过程中发表学术论文所获得的稿酬、版权费用等，由各科学家、院、系三者平等分享。对于依靠Bio-X计划或院系所形成的发明专利收益，专利发明人须按照Bio-X所提供的技术支持，将1/3的利润分配给Bio-X计划。涉及多作者文章发表的署名权，须由所有参与创作人共同确认终稿，并经作者本人批准后方可签署。所签署作者将对论文的发表负责，详细了解论文内容。

对于在某个跨学科领域做出创新性科研成果的人员，斯坦福大学包括Bio-X计划在内的多个学科交叉研究机构可同时聘请其为学科教师，但由其中一个机构为主要聘请方，教师工资及授课课时聘请专业机构协商决定。Bio-X计划研究人员的职称评定由其所属院系审核。针对教育科研机构教师的考评，往往需要综合同行评价、社会贡献、教育能力、学校评教标准等多方面考虑，而不能仅注重论文、项目等的量化指标，需要在一定程度上强调科研成果的社会贡献度。[1]

建立成果归属保障体系，科学考核评价研究人员绩效，对于合理规范人员权力、保护研究人员的研究积极性具有重要意义。

二、法国公立科研机构创新平台交叉融合建设

（一）法国公立科研机构创新平台建设概况

法国国家公立科研机构概况与美国不同，法国作为中央集权制国家，在推动法国科技创新的过程中，大型公立研究机构发挥了重要作用。在其运行过程中，政府发挥着不可替代的作用，无论是在科技创新的顶层设计上还是在科研机构的宏观布局上均处于核心的主导地位。在政府的牵头引导下，这些公立研究机构也推动着与其他创新研究主体的协同，形成国家统筹公立研究机构，促进产学研协同创新的运行机制。除了在大多数理论研究、基础学科研究领域，如诺贝尔奖、菲尔兹奖等，法国占据着显著的领先地位之外，在新兴技术、航空航天、军工制造等应用型领域，法国同样掌握着较大的市场份额，保持着世界领先地位。[2]

① 董樊丽，聂文洁，张兵. 美国高校学科交叉融合发展借鉴及启示——以斯坦福大学Bio-X计划为例[J]. 科学管理研究，2020，38(5): 161-167.
② 董樊丽，聂文洁，张兵. 美国高校学科交叉融合发展借鉴及启示——以斯坦福大学Bio-X计划为例[J]. 科学管理研究，2020，38(5): 161-167.

在组织机构设置上，法国的政府派出机构——法国国家科研署在全国范围内按照不同的研究应用领域构建国家能源研究联盟、环境研发联盟、生命科学与健康研究联盟、数字科技研发联盟与人文科学联盟。各联盟分别将其主管部委、单位、科研机构、相关高校以及所涉及的社会企业作为其成员单位。在同一发展目标和方向的指引下，各联盟成员单位派出代表组成理事会，共同决策科研机构未来的发展事宜。除此之外，各联盟内设不同学科的主题研究所，以促进联盟横向课题的研究协作，国家研究需求通过横纵交叉的组织架构下沉至研究团队。

在资源保障方面，在中央集权制度下，法国政府为公立科研机构统筹协调资源。首先，在制度上，为全国的创新资源以及联合攻关提供相应的政策制度保障。1982年与1985年，法国政府分别颁布《科研与技术发展导向与规划法》《科学研究与技术振兴法》，为科学家们提供更好的社会福利待遇和保障条件，实现了各专业领域不同学科和高校科研工作者的平等待遇，从而激励科研工作者根据兴趣爱好和科研任务，参加不同组织、领域、机构之间的流动，打破薪资与福利待遇的限制。这无疑是能够解决根本问题的以人为本的有力措施。此外，法国政府在2013年出台并实施《高等教育与研究指导法案》，进一步促进高等教育与科研的交叉融合。其次，在组织上，构建全国性的协同合作网络，涉及多个领域，形成广义国家实验室的概念，成为国家实验室建设的不可替代的战略支撑力量，也是整个国家科技竞争的核心力量。

自1939年以后，法国政府建立了欧洲最大的公立科研部门——法国国家科学研究中心，在体制和各类资源的双重保证下，又建立了一批不同领域的公立科研单位，包括科学与技术类的理论研究和工贸类、产业化发展的应用研究，形成按领域划分、国家牵头的公立研究体系。[①]

（二）法国公立科研机构创新平台建设经验

1. 国家及政府统筹规划，以领域划分构建不同的研究平台

在欧洲众多国家中，法国一直是中央集权的传统国家，因此在协作研究平台的构建与运行中一直秉承政府主导、中央垂直管理的理念与制度。在政府的领导下，法国在不同的战略领域下构建公立科研机构来承担国家的战略任务，实施国

---

① 茹志涛. 法国公立科研机构协同创新机制的特点与启示 [J]. 科技中国，2021(9): 23-26.

家科研计划，并且形成了集研究、评估、咨询、成果转化于一体的战略体系，以此来支持法国不同领域科技的进步与发展，满足政府、市场与社会各方的需求。

2. 加强法律保障，以行政立法的方式打破学科融合的制度壁垒

法治化的保障同样是法国政府在公立科研平台构建事宜上的重要特色。在市场化运作的国家中，并没有专门的法律来促进或保障科研相关的权利，多数是依靠其他相关的部门法律，如经济、市场、文化等方面的法律，来对协同创新的实验平台进行约束与保护。在多主体、多部门的合作中，人才流动与制度壁垒是普遍存在的困境与难题，由于相关配套措施不完善，或是无法进行流动与交叉，或是无法自由而有效地进行协同创新。法国在制度上力图通过实现不同部门与主体之间的公平来促进人才的合理流动，同时给予科研人才充足的保障与福利待遇，大大激发人们从事科研的积极性，减少不同研究主体跨学科流动的后顾之忧。

3. 以政府为主导，构建产学研创新联盟

与我国传统的政府主导相同，在资源调配与利用的绝对优势下，政府的支持与牵头无疑是一种高效的行为。在政府的主导下，学界、产业、科研、政府等各主体协同并进，组成不同领域的国家科研创新联盟，在联盟的理事会中进行信息传递，有效地沟通各方需求与进展；用政府这只看得见的手，将市场、制度与学术的资源进行整合，促进公共科研平台的构建与发展。在联盟内，继续成立其他细分领域的研究机构进行专项研究。在这一层次严谨的纵向架构下，沟通成本降低，资源保障提高，更是为各个领域的研究提供了合理性，为不同主体的协同创新提供了合法性。

三、华北电力大学工程训练中心学科交叉平台建设

（一）华北电力大学工程训练中心建设概况

在适应全球经济技术变革的大潮下，在多专业交叉融合培育复合型人才的大形势下，华北电力大学为满足对创新型人才的需求，提高学生的综合工程素质，展开了工程教育改革的创新实践。2013年，华北电力大学（北京）成立工程训练中心并开始运行。作为面向全校学生的工程实践训练基地，工程训练中心秉承"以传统金工实习为基础，以现代加工技术为特色"的发展方针，努力建设成具

有华电特色的综合性实践教学平台。

在工程训练中心建设初期，华北电力大学融合各个院系的教学资源打造了专业交叉融合创新平台，形成了创客空间、产品设计实验基地、人文科综合创新性研究实验基地等平台，并采用了开放式管理机制，平台的研发内容、时间、服务对象等都面向大众开放。对于相关师资力量、研究专家的配备，工程训练中心打造了包含多个学科的专家教师团队，全方位地为平台提供硬核支持，除了学校本身在编教师以外，还聘请了各个研究院的专家、学者，以及企业的技术人员来负责对学生进行指导。这些一方面，推动了科学技术研究创新的发展；另一方面，促进了高等教育的改革与发展。工程训练中心还组建了涉及多个领域的学生实践俱乐部，建立了学生自主创新组织，并为其提供研究活动的场所和保障。俱乐部由学生自行管理，自主举行召开学术研讨会、论坛、分享报告会等。同时，华北电力大学开设了多门跨学科、跨方向的创新实践课程，形成体系化、规模化的教学新模式。

（二）华北电力大学学科交叉融合技术平台建设特色优势与经验

1.重视科教融合，以先进科学技术保障高素质人才培养

华北电力大学出台《本科拔尖创新人才培养实施办法》，在国家一流本科专业建设中有序推进拔尖创新人才实验班建设。借助新能源电力系统国家重点实验室等教学资源，学校设立了电气工程与自动化学科本硕博贯通教育实验班，与中国科学院工程热物理学研究所联合组建"吴仲华学院"，与有关行业企业合作成立"人工智能学院""能源互联网学院"，等等，以有效充分地发挥高校、科研机构、产业公司各自的资源优势，并重视把最新科学技术成果转变为教学课程，将科技前沿与重要实验研究成果纳入教学课堂，以获得高层次科研和高素质人才的共同支撑，培养适应新形势的学术领军人才。同时，实施"本科生科研训练计划"，建立学生进入优秀研究团队机制，使本科生尽早接受科研训练。建设了"本科生科研入门"等一系列选修课，在讲授知识的同时，也训练学生的研究能力和创新能力。创办学术讲坛，邀请国内外知名学者进行授课或讲座，定期组织学生参加科研基地实践活动及学术交流活动，拓宽学生的学术视野，激发学生科研创新兴趣，引导学生树立科学报国理想。

2. 深化产教融合，促进企业需求侧和教育供给侧要素有效融合

华北电力大学继续教育工程学院深入推行国家卓越工程师教育与培养行动计划的2.0版本，借助学校理事会单位与"电力行业卓越工程师人才培养校企联盟"等合作资源，积极促进产业公司和高校之间建立合作对接平台，优化校企协同教育的工作平台与运行机制。创新了"校企协同"的人才培养方式，积极引导行业企业人员深入参加国家人才培养规范的制定、教学内容更新和教材编写等，使人才培养紧贴行业发展需求。在企业内部招募兼职教师参加培训课程，建立了专兼职相结合的专业课教师，并着力建立了校企协同、资源优势互相结合、共享的产业人才技术创新管理模式。与中国广核集团联合实施了"订单＋联合"的核电专业人才培训，从培训方案制订到课堂设置、授课，公司全员参加，学员累计在公司培训一年。目前已培训近千名核电人才，取得公司、学校与学生三者合作的良好效果，被列入第一批"发达国家级人才管理模式技术创新试验区"建设。完善协作合作、开放共享的工程实践教育体制，与中小企业合作建设实践教学基地，构建高水平工程实践教育平台，形成了依托信息化的工程教学实验室、实验教学演示中心和工程训练中心的面向高校毕业生开放制度，组建工程教学实验中心和创新创业教学中心，整合优秀教学资源，完善革新创业教学体系。打造全国大学生技术创业大赛平台，采用竞赛驱动、项目训练，达到以赛促教、以赛促学的效果。建立了创客空间，支持学生自由设计和创新实验，并指导学生进行研究性教学。

3. 推进学科交叉融合，以多学科协同创新助力专业课程建设

华北电力大学围绕大数据、云计算、物联网、人工智能、能源互联网、储能、氢能、虚拟现实、智能制造、新材料等新兴产业，积极培育一批学科交叉、突出能源电力学科特色的新兴专业，增设储能科学与工程、氢能科学与工程交叉学科专业。根据国家培养要求、工程学科认证规范及学校教学思政的需要，全面制订工程学科培养方案与课程教学大纲；做精做旺必修课、做广做实选修课、做优做特通识课程；设置了人工智能、能源物联网、工程技术管理等与学科专业交叉的规划性学科选择模块，学生都能够自主选择学科，最大程度为学生提供个性化的发挥空间，使其更适应学校发展需要。重新设计了学科交叉培养方案，积极

推行导师负责制，鼓励学生超越专业界限、突破专业壁垒，着力培育具备跨界综合能力、创新实验能力的复合人才。深化实施课堂改造，在学校教材中引入了启发交流、问题研究、项目引导、线上线下等教学方式和课堂组织方法，引导学生自我管理、主动学习。

4.拓展国际交流融合，着力培养高素质国际化人才

华北电力大学启动"本科生国际化创新人才培养计划"，建立本科生国际化虚拟班，设置国际化教育课程模块。完成国际化课程体系建设后，除外语课外，还增加了对国外政治、经济、贸易、人文、法治等专业知识的掌握，增设"国际形势课""国际关系学""国际问题研究"等课程，将专业学习与国外文化有机结合，拓宽国际视野，提升学生文化适应能力。依托中外合作办学项目和"国际组织人才培养创新实践基地"，引进国外优质课程资源，优化课程体系。加强与国外高校、研发机构以及国际组织的合作交流，重视同具有国外工程项目的电力类央企联系，选送学子外出交流、进修，着力培育了解国际规则、具有全球胜任力的拔尖创新型人才。

四、国内外科技创新平台交叉融合建设对我国的启示

从Bio-X计划的成功可以发现，形成并完善有利于中国高等教育跨学科融合发展的技术创新要素，建立高等教育跨学科融合发展的技术创新体制，对促进我国高校跨学科融合发展有着重大意义。斯坦福大学Bio-X计划的管理系统与激励机制，以及其在团队管理体系、资金投入、资源共享、人才队伍构建、绩效评估等方面的经验，对我国高等教育创新型专业组织模式构建，有着重大的参考意义。推动跨学科融合发展、强化跨学科平台体制创新，进一步健全发展跨学科平台机制，通过研究引入跨学科、多样化的投资办法，以仪器设备资源共享和有效使用为工作重点，积极构建高层次人才队伍体系，进一步优化教育科学评估评价机制，等等，是当前推进跨学科融合发展的主要内容。

根据我国的国情与现状，当前我国跨学科创新平台的建设与发展多依靠政府的支持与推动。在中央集权制度下，法国政府对技术创新交叉融合平台研究机构的建设与发展发挥了重要作用。政府牵头、统筹规划，用政府的力量协调资源，以政府为主导构建跨学科组织机构，提供相应的制度保障，协调高校、市场、资

源之间的合理分配；以立法的形式给予科研机构及人员充分的法律保障，以保证科研人员工作环境的公平公正，提升跨学科科学工作者创新研究的积极性。法国政府在平台建设中发挥的积极作用，也为我国未来跨学科平台建设中政府角色的扮演提供了经验。

华北电力大学持续深入学习贯彻习近平总书记关于教育的重要论述，以立德树人为根本任务，秉承"支撑引领行业变革"的办学思路，凸显能源电力行业特色，探索构建学科融合人才培养体系，努力培养品德优良、身心健康、基础扎实、创新意识强、具有高度社会责任感及国际视野和发展潜力的拔尖创新人才。华北电力大学学科融合创新平台工程训练中心自2013年成立发展至今，在探索中不断前进，培养了一批又一批电力工程复合型人才，取得了显著的创新性科研成果。

美国Bio-X计划与法国公立科研机构的成功例子，以及华北电力大学对多学科融合发展积极探索的经验成果，对我国未来科技创新平台交叉融合的启示如下。

（一）推进平台管理机制创新，健全学科与专业的交叉平台机制

我国推进落实高校学科交叉融合发展、促进科技创新平台建设，首先要加强平台管理机制的创新。充分吸收国外较为成熟的平台管理要素，创新国内平台管理体制，将一定权力下放至院系及机构，提升平台运行管理的自主权，使平台管理者能够真正做到权、责、利相统一，提高平台管理效率，充分调动所有资源，优化学术科研与行政管理之间的结构，形成良好的协作、管理关系，为跨学科科技研究的开展提供组织保障。

（二）构建高水平科研团队体系，优化科研考核评价体系

要重视人才吸引，积极拓展人才吸引途径、不断创新人才引进模式，结合科研项目所需，吸引更多多学科、跨专业研究人才，构建规范合理的人才管理模式，适当调整、优化科研人员的薪资、培养等机制，合理平衡教师教学与科研之间的精力分配。深入贯彻《教育部关于深化高等学校科技评价改革的意见》，进一步构建积极合理的考核评估体制，建立多层次综合性的考评指标体系，重视科学家在创造性研究中的突出贡献，并按照投入与产出对等原则，给予相应奖励,以激发科学家研究的积极性,为学科交叉融合创新与研发提供更好的科学环境。

(三)加强科技创新和跨学科科研平台建设,实现设备设施共享利用

深入落实《关于深化中央财政科技计划(专项、基金等)管理改革的方案》,充分考虑学科专业的交叉融合问题,建立跨领域科研创新平台实验基地,除确保基地建设的基本科学研究功能之外,还要强调平台公共沟通交流的功能,设计开放式建筑空间结构,为跨领域创新研究提供孵化基地;加强对技术平台、实验室中的高新技术先进设备仪器配置、使用质量监督检查和维修保养管理工作等管理,引入数字化技术,以提升设备设施的使用效率;跨学科平台建设要注重开放合作交流,促进科技资源开放共享,发挥设备资源的高效率使用,使设备资源做到物尽其用,为更多的跨学科科研人员提供便利。

(四)探索多元化引资方式,拓宽跨学科研究资金来源

充足的科研资金支持与持续投入是促进科学研究顺利开展的重要保障。高校与技术创新平台要拓宽融资渠道,不能单一依靠政府与学校的资金来源,应面向社会,吸引企业资本、社会资本、个人资金的支持。同时,要加大平台自身的造血功能,充分利用平台科研实力,围绕社会发展所需,与企业等多方开展科研合作,还要加强对平台建设有形资产、无形资产的开发利用,通过场地、设备仪器外租等方式增加平台收入,为科技创新平台交叉融合发展提供强有力的资金支持。

(五)政府学校要加强引导鼓励,推动学科交叉融合项目发展

政府部门和高校要加大对专业交叉类项目的扶持、指导,给予其适当的政策优惠,出台相关法律政策,维护平台研究者的相关利益,推动科技创新平台交叉融合发展。通过调整项目驱动力,强化以国家自然科学基金对学科交叉类项目的资金扶持力量,并专门设置学科交叉技术创新领域,鼓励高校、院系开展跨学科、多学科教学体系建设,利用已有资源组建跨学科学术团队,促进跨学科科研人员发展。此外,政府还可设立交叉学科基金,为项目的开展和进行提供支持。以培养复合型研究人才、促进重大创新科研成果为目标,提高创新综合实力,实现科技强国目标。

第三节 我国体育系统交叉融合协同创新项目
实施现状及存在问题

一、我国协同创新项目实施现状

以"2011计划"（高等学校创新能力提升计划）为例，根据其重大需求划分，"2011计划"分为面向科学前沿、面向文化传承创新、面向行业产业和面向区域发展等4种类型。2013年全国共培育了167个由高校牵头，联合科研院所、行业企业、地方政府等优势资源的协同创新中心，经过三轮严格认定，最终只有14所中心成为"2011计划"首批国家协同创新中心。2014年第二批则有24所中心加入。此外，在两批国家协同创新中心审定完成后的数年间又陆续出现了我国百余所高校自主设立的2011协同创新中心，协同创新理念得以延续贯彻。2020年教育部宣布将"2011计划"等重点建设项目统筹纳入"双一流"建设，并充分肯定了协同创新中心在满足国家重大战略需求以及推动地区经济社会发展等方面的突出贡献。协同创新中心在充分发挥高校多学科、多功能优势，积极联合国内外科学研究机构创新力量，有效整合创新资源、培养复合型高素质人才等方面发挥了显著作用。

二、我国体育系统学科交叉协同创新现状

按照目前我国现行学科分类，体育学作为从属于教育学门类的一个一级学科，其下设有运动人体科学、体育教育训练学、体育人文社会学、民族传统体育学4个二级学科，而这4个二级学科与人文科学、社会科学、自然科学等领域的相关学科都存在着显著的学科交叉融合特征。

（一）运动人体科学的学科交叉

运动人体科学是将理论与运动实践相结合的专业，主要研究体育运动与人的机体的相互关系及其运行规律的一门学科，其主要学科内容包括人体解剖与运动解剖学、人体生理与运动生理学、生物化学与运动生物化学、运动生物力学、运动心理学、运动康复学、医务监督等多门人体科学、基础医学和临床医学的基本知识和相关技能，在专业知识学习与运用上与临床医学、教育学、心理学等一级

学科实现了学科交叉。

（二）体育教育训练学的学科交叉

体育教育训练学作为一门以现代教育教学理论和运动人体科学理论为基础，研究体育教育与运动训练的规律的学科，其学科的学术内容广泛，涵盖了教育学、哲学、心理学、生理学以及社会学等多个领域。该学科主要研究现代运动项目训练及教学的相关规律，其学科内容与教育学、哲学、军事等学科实现了学科交叉。

（三）体育人文社会学的学科交叉

体育人文社会学作为一门运用人文科学与社会科学的相关理论和方法来研究体育与人、体育与社会互相关系、基本规律等体育本质问题以及各种体育现象的综合性学科，其主要研究方向为竞技体育制度、学校体育政策、体育社会组织、体育产业以及体育与经济、政治、文化的关系等，与经济学、管理学、社会学、法学、哲学等学科实现了学科交叉。

（四）民族传统体育学的学科交叉

民族传统体育学作为一门研究以我国传统武术为代表的民族体育活动现象和规律的学科，其学科内容主要包括民族传统体育训练与教学及其和经济、政治、文化、教育等领域之间的关系，与历史学、经济学、人类学、文化学、教育学等学科实现了学科交叉。[①]

三、我国体育系统在协同创新方面存在的问题

当前，在我国"2011计划"等重点建设项目牵头下，我国各高校都积极推动跨学科协同创新平台建设，致力于培养复合型人才、推动科技创新，促进我国经济建设。与此同时，体育系统各学科之间也打破了壁垒，传统竞技体育纷纷与教育、人文、生物等多学科融合发展，形成运动人体科学、体育教育训练学、体育人文社会学等新型体育学科体系。但当前我国体育系统交叉融合还存在许多不足，在协同创新方面还存在着制度落后、政策不健全、管理不统一、资源不充足

① 曹典，贺道远.体育本科人才的跨学科培养研究 [J].三峡大学学报（人文社会科学版），2015，37（S2）：99-101.

等问题，制约了体育系统学科交叉融合的发展。

（一）管理体制滞后，管理效率不高

体育事业改革前，旧有的以行政命令为主、强调单一领域研究的管理模式使得下属各部门之间缺乏相互交流合作与协同创新的主动性，相关意识也较为薄弱，同时存在着科学创新研究向竞技领域倾斜等问题。由于原有管理体制带来的消极影响，虽然我国早已提出创新科研的号召，但是创新、协同的保障机制建设尚不完善，且尚未形成完善的协同共享机制与良好的协同共享环境以及标准化的实施制度。虽然近年来体育领域内部与其他领域的交流融合日渐频繁，但要从总体上消除旧管理体制的不利影响仍然需要较长时间。[①]

（二）各部门管理方法和运行机制不同

与斯坦福大学印发RPH，从而实现对Bio-X计划运行的统一管理不同，我国体育系统下属各部门的运行模式受举国体制影响，多年来已经形成了各具特色的管理方法和思维惯性，现阶段很难融合与协调，这使得协同创新的具体实施工作仍面临着众多的制度壁垒与资源壁垒，人才与项目的流动以及各个单位与高校、研究所的调动并不能自由流畅地进行。不同部门的管理方法和运行机制各有不同，且每个部门都有适合自身发展的管理方法和运行机制，若要实现各部门的协同创新，必然需要对已有的管理方法和运行机制等进行改进，建立有效的组织管理机构，对各部门的资源进行有机整合，进而实现资源共享和协同创新。

（三）组织协调机构与保障政策不健全

由于体育系统各部门都分别具有不同的专业优势和理论特长，因此要实现各部门资源的整合共享以及协同创新，必须设立相应的组织协调机构以及制定相关保障政策。然而我国以"2011计划"各协同创新中心为代表的组织协调机构数量仍然较少，更没有一个中心是以体育为核心建设的，这使得各个主体，特别是体育企业难以充分发挥其在产学研协同创新方面的作用。此外，我国现存的相关政策法规也无法为协同创新提供坚实的支持以及合理、合法的解释。以上问题不仅导致体育系统各部门用于共享的资源存在一定局限性，且由于各部门管理体制的

---

① 　周信德. 高校体育团队协同创新能力的培养途径 [J]. 宁波教育学院学报，2014，16（3）：48-50.

不同，协同创新的效率和有效性也难以保证。

（四）产业先导作用不突出，企业作用不突出

首先，产业先导作用不突出，导致交叉融合工作不具有明确的市场方向，对协同创新科研结果的转化与应用造成了一定的阻碍。其次，企业作用不突出，对科研平台的资金来源也产生了一定的制约，单方面依靠国家财政与事业单位的预算支出，在给政府与事业单位带来巨大财政压力的同时，也会导致创新平台资源的供需不平衡。与市场的联系不足所造成的问题实则是恶性循环，体育科研平台无法对应社会需求、满足企业发展，本身也不能获得市场支持，造成科研进展困难。对于高校、研究院的人才培养而言，同样会产生与社会、市场脱节的情况。官产学研之间的不协同，对任何一方都造成了资源浪费、利益分配不完善、流通渠道不畅等问题。

（五）数字化资源嵌入不够

数字经济的发展与数字技术的应用早已成为当今科技发展、社会生产力发展的主流。在体育系统的研究中，数字技术尚且停留在身体测量、运动表现评估、运动技术测评等的应用中。对于新型技术，如大数据、云计算、云平台的应用尚未普及，应用机制也不够成熟，具体表现在：①相关信息服务平台不完善。各方主体在信息交流与沟通中没有专门的服务平台，造成信息交流的效率低下与不畅通，没有办法更好地服务于协同创新工作。对于协同创新平台的内部组织管理而言，高效、便捷的网络办公系统尚未投入使用，造成内部管理制度的拖沓与低效。②对数据的分析不充分。数据的收集在现代社会的发展中已司空见惯，对于数据的处理与分析能力尤为重要。但现有体育系统的研究还没有高效地利用数字技术对所收集到的信息进行处理，难以获取更加精准前沿的信息资源。③监管评估制度的不完善。对于我国而言，评估工作的独立性与专业性一直是广泛讨论的问题，运用数字技术可以更加精准、规范地对科研创新工作进行评估与监控。目前的实践对监测评估技术应用以及完善评估监管机制方面的问题还不够重视。

第四节　我国多学科交叉融合与协同创新路径探索

我国多学科交叉融合研究平台的协同创新目前还处于初步探索阶段，体育的高质量发展、建设体育强国是当下社会的重点研究项目。如何将体育与其他学科领域进行交叉和融合，从而更进一步地挖掘"体育"这一学科的发展方向，需要各个领域科学工作者的共同探索。结合国外科技创新平台交叉融合的成功经验与我国高校在当前学科融合协同创新方面所取得的成果，以及当前我国体育系统交叉融合及协同创新方面存在的问题，本书对未来我国学科融合，特别是体育领域的研究平台协同创新路径从机制构建、政策保障、领军人物培养、管理策略几方面提出以下几点建议。

一、构建多学科交叉融合与协同创新机制

（一）学科交叉融合平台协同创新运行机制研究

1.动力激励机制

一个系统得以运作的直接因素就是运行的动力，研究平台就好像一台大型机器，机器运作需要一定的动力支持。一般来说，团队内部的动力分为两类：一类是物质类动力，包括奖金、礼品、福利待遇等；一类是精神类动力，包括名誉、称号等。制定动力机制要遵循公平、公正、公开的原则，在确保团队内部科研人员得到动力激励的条件公正的情况下设定的奖励条例才是适当且有效的。[①]同时，要避免不公正待遇的出现，不然不仅会使动力运行机制实施困难，起不到应有的作用，还会打击人员的积极性。

激励的种类可以是多样化的，如可以设立小组奖项和个人奖项，从不同层面提高研究人员的工作热情。在体育领域进行跨学科构建时，可以对有重大贡献的科研人员或某个学科团队进行物质上的奖励或给予其荣誉称号；在整个平台运作过程中，若取得重要的研究进展，也可以适当地对团队进行奖励，从而大大提高

---

① 肖琳.应用型本科高校跨学科平台的构建研究 [C]// 福建省商贸协会.华南教育信息化研究经验交流会 2021 论文汇编（四）.哈尔滨华德学院：2021:739-740.

科研工作者的科研热情。在团队组建之初就可制定相应的奖惩措施，并将其书面化，确保后期的奖惩都有依据来源，这既可以保证每个人受到公平公正的待遇，又可以避免科研不端行为的发生。

2. 职能分配机制

跨学科研究平台涉及多个学科、多个领域，体育与其他学科进行学科交叉融合时，不可避免地会与其他组织内部系统产生摩擦和碰撞。因此，在体育领域跨学科研究平台创建过程中，要制定完备的职能分配机制，通过上级的分工，协调各个学科之间的工作分配，从而构建一个完善有效的运行平台，并且实现各部分功能加起来大于整体的作用。职能分配机制不仅体现为对于工作任务的分配，还包括学科内部、学科之间的沟通与交流，以及领导与成员之间的上传下达、经济效益与科研成果共享等方面的分配。恰当的组织内部职能分配协调机制是创新研究平台建设的关键要素。在体育跨学科平台建设中，设计运动员跨界选材方案时，要协调不同项目运动员的训练时长；在跨学科研究运动员的身体结构功能时，要协调运动项目和科研人员的职能分配问题，在确保运动员正常身体负荷的情况下进行，这样既可以按时有效地推进科研工作，又可以保障运动员的正常生活需求，保证他们的正常训练。

3. 学科共存机制

体育跨学科研究平台的有效运行需要平台内部各个学科间互帮互促、和谐共存，在共同完成某一科研任务的过程中进步。学科共存需要不同领域科研人员的合作、不同学科资源的共享，需要组织内部和外部社会环境相互协同。[①]构建学科之间的共存机制不仅是研究平台协同创新的必要准备，而且是组织能够长久运行的重要条件。只有平台内各部门相互合作、相互体谅和协调，有效地利用组织内的便利进行合作研究，才能实现平台的创新，达成所追求的目标。学科共存并不是简单地使几个学科同处于一个研究平台之中，而是要协调平台内的人、财、物，使各学科之间达到一个动态平衡的稳定状态，保证各方所需、和谐共处、互相促进，提高整个平台运作的效率。在体育领域，如进行大型体育设备研发时，物理学科、化学学科以及电子信息技术领域往往需要同时进行合作探讨，这个时

---

① 秦亮生，李玉荣. 高校学术团队的组建模式及运行机制研究 [J]. 华南农业大学学报（社会科学版），2009，8(3): 147-150.

候就需要遵循学科共存机制，配合平台内部环境协调，有效利用组织内的各种资源，使学科之间相互促进、取长补短、互相学习，完成科研目标。

（二）学科交叉融合平台协同创新机制建设

1. 制定完善合理的研究平台人员工作机制

制定完善合理的研究平台人员工作机制，如遵循劳逸结合原则，合理安排工作日与假期，给研究人员一定的休息空间；制定合适的换班轮班制度以及工作奖励机制，调动平台内学者工作的积极性。协调跨学科之间的工作量，尽可能在完成工作任务的前提下使得各个学科的工作量达到一个平衡状态。同时设置监管机制，确保平台内部的正常运行，避免消极怠工等不良状态的出现。设置协同创新的学习机制，制定合理的课程机制，鼓励人员在工作的同时提高学习能力，为后期协同创新工作的开展增加知识储备。在体育跨学科研究平台中，严格的人员工作机制至关重要，对各个学科组织进行规范化管理是完成研究任务的重要前提。在制定管理机制之后，也要确定相应的奖惩机制，奖励有杰出贡献的个人或团体，严惩平台内的懈怠或学术不端行为。及时协调各人员之间的工作时间和工作量，使平台内部相对稳定。制定合适的人员工作机制不仅有利于体育跨学科研究平台的协同创新，也有利于平台的长久发展，维持平台的生命力和活力。

2. 制订创新研究平台资源整合方案

研究平台内部的资源涉及多个学院和部门，在资源的使用以及成果归属等问题上容易出现分歧。要完成研究平台的协同创新，就必须对团队内的资源进行整合、分类，并制订相应的资源管理方案。在研究探索共性问题时，某一学科可以借用其他学科的资源解决问题。同时，要对协同平台进行宣传，吸引社会企业资金的加入，减轻高校和政府的财政负担，拓展平台的涉及面，充实平台的硬件和软件设施。在体育跨学科平台建设时，要对平台内的各种资源进行整合，如对体育场地资源、科学研究设备等的数量和占地面积进行统计，统一规划，确保各方的正常使用，保证各个学科的研究进度正常进行。

3. 组建平台内部不同分工专家小组

进行研究平台的协同创新时，可以创建不同的专家小组，如设备操作组、实验记录组等，针对某一特定问题进行探究，但是要注意各个部门之间的信息传达，确保问题研究的进度，使信息尽可能快地在平台内部流通。组建分工小组还可以提高解决问题的效率，减少科研人员的工作量，使不同类型的科研人员可以发挥其所长。每个专家小组内部可以设置专家组长，主要负责统筹小组的工作计划，和其他小组进行及时有效的沟通，与上级进行信息传达，接受上级的命令，汇报当前的工作进度；小组内部若有资源的需要，及时告知上级，避免工作进度被耽搁。例如，在进行运动员跨界选材时，可以设置人员调查小组、运动项目研究小组、选材小组，这样一是可以减少科研人员的工作量；二是在面对冬奥会以及未来几年我国冰雪运动的发展时，可以有效缩短运动项目发展的周期，提高运动员的培养效率。

4. 优化平台内部环境并发挥合作效应

大型技术平台的创办意味着需要投入更多的管理精力，如果在建立之初就对平台内部进行整顿，严明组织纪律、优化内部环境，就可以减少一些不必要的冲突和麻烦。优化内部环境可以从整体和部分两个方面进行，从整体入手可以对整个研究平台制定严格的奖惩制度并设置监管小组，定期检查，确保平台的纯洁性；从部分入手可以在平台下的各个学科内部设立专有的负责监管的职位，专门负责内部的纪律管理。在保证平台内部环境良好的前提下，尽可能发挥各个学科的长处，互相学习，取长补短，发挥合作效应。

5. 运用数字技术，搭建信息服务平台

首先，新一代数字技术已在社会多个领域广泛应用，在科技创新平台的运行中，信息服务平台的建设与运行能力是信息交流的关键。利用大数据、云计算等技术整合各主体的信息资源，共享云平台，将分散的、范围广的创新主体集合成完整、高效的信息主体，为科研项目的开展、决策咨询服务的进行提供数据支撑。其次，在平台的建设过程中，要注重收集用户端的现实需求，以及科技创新服务平台与政府、企业等之间的信息互通，避免产生信息失灵的情况。其他参与会员也可定期向信息技术平台发送信息，共享研究资源与公共数据，为平台提供强大的数据支撑，保证平台流通的数据质量。权责对等的信息交流机制与科技创新平台的资源保障机制、动力机制、激励机制相结合，共同推动科技创新平台的稳步有序运行。

二、出台相关政策法律提供保障

（一）制定法律法规，明确责任、权利、义务

由于技术研究平台与企业、科研机构共建实验室的过程是多目标主体的协同过程，所以政府要制定相关的法律法规，明确合作各方主体的责任、权利、义务，使企业、社会科研机构、技术研究平台了解自身在合作中的角色定位，提高合作效率。既要避免因责任划分不清导致的互相推诿、管理缺位的现象，也要避免由权力划分不清导致的重复管理、多头管理的现象，提高管理效率。将全民健身科技创新工作纳入法治化轨道，使产学研在合作过程中有法可依、有据可循，约束协同创新过程中的不良行为。

（二）完善资金支持和保障政策

由于技术研究平台不具有经济效益，而科学研发的投入不菲，因此共建实验室只靠企业经费的支撑往往存在很大的风险，一旦企业经营不善，或者研发成果并没有强烈的市场需求，导致入不敷出，实验室很有可能面临破产的境遇。因此政府对于技术平台积极与企业共建的实验室要给予一定的资金支持，在政府财政中设置产学研协同创新专项资金，为契合全民健身发展理念、"健康中国"国家战略的实验项目提供经费支持，建立由政府主导、社会投资的产学研协同创新投资基金，鼓励金融机构开发适合的产品，拓宽抵质押品范围，探索一条知识产权、技术产权等无形资产抵押担保的道路，从政府和社会两个层面提供资金保障，支持产学研协同创新，共同创建联合实体，开展全民健身科学研究和科技服务。同时，要注意避免对政府资金支持的过度依赖，形成以企业经费和社会投资为主，政府资金为辅的多方资金来源渠道，努力提高经济效益。面向市场，面向社会需求，切实解决群众在全民健身中遇到的核心问题。

对于有杰出科研成果的实验室，政府可以给予资金奖励，并授予其荣誉称号，从物质和精神两个层面鼓励研究平台与企业协同创新，激发其创新潜能，提高其科学研发的积极性和主动性。

（三）出台税收优惠政策

政府可以对与技术研究平台共建实验室的企业给予一定的税收减免优惠，如

对与技术研究平台合作的企业适当减少征收企业所得税，对于企业的广告费用，符合税法规定的可以在税前予以扣除，鼓励企业积极与技术研究平台合作。对将科研成果投入社会服务的企业，可以将科研经费按规定在税前扣除，鼓励企业积极转化科研成果。

（四）建立知识产权价值评估标准，合理分配利益

在实验室建立之初就确定好合作各方利益的划分，建立各项知识产权价值的评估标准。由于产学研协同创新过程中，企业、科研机构、研究平台投入的资金、技术等资源不尽相同，因此需要做好对知识产权等无形资产的价值评估，合理确定科学技术、资金等各类资源的贡献率，明确各方主体所能获得的利益，分配好各方利益，保护协同创新中各主体的利益，解决后顾之忧。实际运作中，要做好知识产权归属的划分，在技术研究平台与企业、社会科研机构等合作的初期，以合同文本的形式约定知识产权归属问题。要避免因价值评估不清、知识产权归属不明、利益分配不合理而引发的矛盾和纠纷，以避免企业、社会科研机构等因利益受损而降低参与协同创新的积极性。

（五）完善人才培养政策

主动加强与现有人才培养政策、计划的对接，加强技术研究平台与企业、社会研究机构的合作，鼓励技术研究平台根据自身的资源和优势进行选择性对接，制定切实可行的合作共赢机制，以研发项目为载体，与企业、社会研究机构共同培育人才，培养跨学科综合性人才，满足在实际工作中人才对于饮食、健康、医疗康复等综合性需求。鼓励有条件的技术研究平台借助自身的设备优势、师资优势，为合作企业提供人力资源培训，提高体育行业人员素质，更好地满足全民健身科学研发和科技服务的需要。

三、推动跨学科领军人物培养

（一）跨学科领军人物概念

1.跨学科人才

如前文所述，"跨学科"指的是将超过两门以上的学科之间的知识相互交叉渗透，学科思维相互借鉴，从而产生新的研究成果的过程。由此可以看出，

"跨学科"强调打破学科壁垒、学科界限，实现不同学科间的整合。

跨学科人才培养是一种教育理念，旨在培养基础知识雄厚、学术视野宽广的具有学科专业结构的多元化复合型、应用型高素质人才。2015年5月，《国务院关于深化高等学校创新创业教育改革的实施意见》提出，"高校要打通一级学科或专业类下相近学科专业的基础课程，开设跨学科专业的交叉课程，探索建立跨院系、跨学科、跨专业交叉培养创新创业人才的新机制，促进人才培养由学科专业单一型向多学科融合型转变"。

据此，跨学科人才是指高校等各类培养单位在跨学科教育理论和思想的指导下，为实现相应目标，重新调整教育教学活动所培养出的掌握多学科理论知识及专业技能的高素质人才。

2. 领军人物

领军人物也称领军人才，是指具备相应领域扎实的理论基础和丰富的实践经验，且具有较高领导水平，同时在自身领域乃至整个社会具有较大影响力和良好声望的先进人才。2012年《国家高层次人才特殊支持计划》指出：科技创新领军人才的标准是，在国家中长期科学和技术发展规划确立重点方向，主持重大科研任务、领衔高层次创新团队、领导国家级创新基地和重点学科建设的科技人才和科研管理人才，其研究工作具有重大创新性和发展前景；哲学社会科学领军人才的标准是，坚持中国特色社会主义方向，拥护党的路线、方针、政策，在哲学社会科学重点领域主持重大课题任务、领导重点学科建设的专业人才和科研管理人才，其研究成果有重要创新和重大影响。

由此可认为，领军人物是指政治觉悟先进、学术水平高超、实践能力突出、能主持完成高质量项目和领导高水平科研团队以及拥有良好声望和影响力的高层次、复合型人才。

3. 体育领域的跨学科领军人物

随着我国社会经济的发展，多元化体育人才日益受到社会青睐，多元化体育人才必须具备多学科知识和能力。高校作为培养高素质体育人才的摇篮，必须创新体育教育理念，优化体育人才培养模式，改革体育人才选拔方式，完善具备多学科知识的体育人才培养体系，体育领军人才的跨学科培养正是实现这一目标的有效途径。基于新时代满足人民日益增长的美好生活需要以及2035年建成体育强国的现实要求，培养掌握包含体育学在内的多学科理论、具备丰富实践经验和高超领导能力的复合型人才是推动我国体育事业健康可持续发展的必要举措。当前我国高校在体育领域跨学科人才培养方面存在哪些问题、如何调整并优化是我们在持续推进跨学科人才培养以及体育领域发展等工作的过程中需要充分重视和解决的两大问题。①

（二）我国目前跨学科领军人物培养存在的问题

培养体育领域的跨学科领军人物，即培养掌握包含体育学在内的多学科理论、具备丰富实践经验和高超领导能力的复合型人才，不仅能满足人民日益增长的体育需求及国家发展的需要，而且是提高跨学科多元人才培养质量、优化协同创新环境的必要举措。然而，受各方面因素影响，我国跨学科领军人物的培养工作仍存在以下问题。

1. 培养观念、制度落后

从1952年开始，我国高校参照苏联模式，严格按专业培养人才，强调专业的实用性以及与职业之间的对应性，在特定时期很好地满足了我国高等教育的需求，但这种培养模式存在专业口径狭窄、知识结构单一及培养规格统一等问题。时至今日，我国多数高校仍沿袭这种传统的人才培养模式，无法适应不同学生个体的需求以及社会发展的需要。此外，虽然部分高校建立了主辅修、双学位等制度，但普遍缺乏清晰统一的培养目标和培养方式，不同专业的课业安排也难以协调。同时国家对双学位等的认定没有明确规定，导致学生在经历了更为繁重的课业安排后所取得的第二学位证书难以获得国家承认，传统培养观念与制度的革新仍然任重道远。

2. 不同学科之间存在壁垒

长期以来，我国高校教学组织的主要构建方式是以学科专业为基础进行划分的，并以此来设置院系，该模式导致学科、专业及办学资源的分割，致使学科专业之间形成壁垒。其反映在体育领域就表现为运动人体科学学生缺乏人文思维，社会学学生则短于对运动技术的认识。因此，在培养跨学科领军人物的过程中必

须合理分配教育资源，尽可能降低学科壁垒的影响。

3. 缺乏高水平师资队伍

在培养跨学科领军人物的过程中，师资队伍的教育水平至关重要。跨学科人才培养涉及的理论知识很广，不局限于某个学科，而强调多个学科知识的融会贯通，对教师的综合教育能力要求较高。与欧美发达国家相比，我国体育领域现有教师队伍，特别是理论教师队伍人数偏少，知识储备相对有限，师资力量不足，这使得跨学科培养的质量难以保证。[①]

（三）我国未来跨学科领军人物的培养研究

1. 树立正确的跨学科人才培养理念

培养理念对于跨学科领军人物的培养具有决定性的作用，树立正确的培养理念是塑造跨学科人才过程中的重中之重。国外相关经验表明，在跨学科人才培养上的成就与高校相关主体的跨学科理念密切相关。比如，密歇根大学管理层就有着提倡跨学科理念的传统，对于该校来说，跨学科研究和教学更容易培育人才、研发成果，也有利于实现学术创新。因此，该校教育、科研等工作在跨学科的发展理念下都体现着贯穿不同领域的浓厚的交叉融合特色。

而随着我国进入新时代，过去以单一专业为主导的培养模式既不能满足学生全面发展的需求，也难以应对用人单位对复合型、具备多元化知识储备人才的需求，已经不符合时代发展的潮流。因此，各大高校都需要树立和坚持跨学科人才培养的理念，重视系统论和协同学理论等在跨学科人才培养方面的作用，在教育、科研、训练等领域向跨学科培养方式转型，并以向社会输送高质量复合型人才为己任，科学设立培养目标与培养方案。

2. 调整教育资源配置方式

教育部部长怀进鹏曾指出，多学科、多领域的交叉融合需要大协作。跨学科人才的培养需要调动更多的教育资源，而高校的教育资源又相对有限，这对高校教育资源的分配和知识平台的搭建提出了更高的要求。为提高跨学科人才培养效率和效果，高校要敢于打破专业必修课与选修课的界限，促进不同专业、不同

---

① 张晓报. 我国高校跨学科人才培养面临的困境及突破——基于理念、制度和方式的分析 [J]. 江苏高教，2017（4）：48-52，98.

学院的资源共享；应给予学生更大的选择余地，并建立科学的评价方法；要重视通识教育的作用，并扩展通识教育的内容，提倡多学科交叉；还要加快由政府牵头，高校等科研机构与其他主体联合搭建的集研究与教育于一体的技术平台建设，使得各主体可以取长补短，实现教育等资源的最大化利用。

3. 加强跨学科教育师资队伍建设

在跨学科人才培养中，为应对现有师资力量不足等情况，高校需要贯彻《关于高等学校加快"双一流"建设的指导意见》精神，突出教学一线需求，充分调动现有资源，结合跨学科人才培养目标提高教师的多学科知识储备与教学水平，并设立相应的奖惩机制，鼓励教师主动进行跨学科研究与教学；要求每位教师同时承担不同专业的教学任务，促进其从多领域展开教学，激发学生兴趣；同时积极推动科研成果在不同学科之间的转化与应用，从而为跨学科人才培养提供有力支撑。

4. 在培养过程中重视思想道德建设

跨学科领军人物仅具备不同学科的理论知识与专业技能是不够的，还应满足国家对成为领军人物所提出的思想道德方面的要求。因此，在跨学科领军人物的培养过程中应着重强调思想道德建设，加强宣传教育工作，使跨学科人才形成良好的个人思想品德与行为模范，具有强烈的爱国主义精神与责任感，同时具备高度的政治觉悟和团队意识，以更好地推动体育领域的协同创新工作，并为行业做出表率。

四、创新管理策略，提升协同创新能力

协同创新是通过国家意志的引导和机制安排，促进企业、高校、研究机构发挥各自能力优势，积极整合互补性资源，实现各方的优势互补，加速技术推广应用和产业化，协作开展产业技术创新和科技成果产业化的活动，是科技创新的新范式。在体育领域采取旨在提高高校协同创新能力的管理策略对于整合各种管理对象和管理方法、适应体育与其他各领域的交叉融合发展趋势、促进体育健康可持续发展等方面有着重要意义。

（一）充分发挥各管理主体的作用

管理主体提升组织协同创新能力主要通过3个层次的途径来实现：第一层次，单一管理主体旨在提升组织协同创新能力的努力。这包括某一管理主体通过对组织以往或其他组织的管理实践与经验进行整合，从而提升整个组织的协同创新能力，例如，政府部门对治理经验的总结、企业高管对管理流程的再造等。如前文所述，Bio-X计划作为斯坦福大学在校内设立的独立科研机构，行政级别与各学院的相同，其采用中心主任领导下的PI负责制的管理方法，即"高校"这一管理主体为提高协同创新能力而制定的独有管理方法。第二层次，不同管理主体之间旨在提升组织协同创新能力的努力。政府、企业和行业协会是体育领域的主要管理主体，伴随着我国体育的持续向好发展以及"大体育"观念的逐步形成，体育所涉及的行业、部门日渐扩展，管理主体的管理范围不断扩展与主体间交流的不断深入，政府、企业与协会三者之间对体育领域的各个单元协同创新能力的提升是影响整个体育行业发展活力与后劲的关键因素。第三层次，各管理主体与国内外高校、科研机构等在提升组织协同创新能力上形成的合力。高校与科研机构是体育领域协同创新的有力助推，这种体育管理行为实施者与管理研究者之间的交流合作是实现组织协同创新能力提高的重要途径。[①]

（二）优化管理模式

在协同创新的过程中，只有选择科学合理的管理模式，才能使各个部门在思想上达成共识、明确总体目标、自觉服从安排、遵照规律办事，进而顺利开展协同创新工作。反之，如果不重视管理模式的革新，就会脱离现实，从而影响创新的效果。因此，体育系统各部门必须转变思想观念、优化管理模式，从打破单一领域视角开始，积极与其他领域部门交流合作，把协同创新视为各自优势资源的有机整合，为体育系统的整体发展服务。

由国外经验可知，科技创新机构或实验室通常采用"联盟""共同体"的运作模式，在技术创新平台运作过程中，完善平台的相关运行机制、资源保障机制、信息沟通机制、人才流动机制，促进管理的联盟化、决策的协同化，从各

组成单元与主体中派出代表，组成"理事会""主席团"等类似决策组织，共同为科技创新平台的未来发展出谋划策，对研究项目的日常运行进行动态管理与监督。

（三）改良管理方法

由于管理方式方法具有灵活性和适应性等特点，所以根据组织实际情况实施合理的管理方式方法也是实现协同创新能力提升的重要途径之一。管理者可以借鉴工商管理、行政管理等相关领域所采用的有效管理方法并灵活运用，以提升所在部门的协同创新能力。例如，Bio-X 计划通过采取内部的交叉式的任职管理等方法为促进学科交叉融合创造了良好的管理环境。我国体育系统可以借鉴其经验，设计既符合自身条件又开放高效的管理方法，以鼓励政府、企业、行业协会、高校、科研院所之间的协同合作为重点，提高管理的质量与效益，最终提升整个领域的协同创新能力。

（四）重视管理科学研究

管理科学研究对于管理实践和管理策略落实起着指导性作用，因此也是实现协同创新能力提升的重要途径之一。高校与科研机构是进行管理科学研究的主体，而管理科学研究对协同创新能力的促进作用则集中体现为产、学、研的结合。通过这一形式，科研机构在管理科学研究方面取得的成果可以直接作用于体育企业的管理实践，从而促进企业协同创新能力的提高。此外，管理科学研究也可作用于政府决策、社会组织管理等各个方面，提升整个体育系统的管理效率。[1]

（五）建立组织机构与完善评价体系

教育部部长怀进鹏曾指出，要着力推动校企协同创新与合作，并为校企合作建立新的生态环境。从 Bio-X 技术平台的多方融资渠道以及知识产权保护措施可以看出，推动我国体育系统协同创新的当务之急就是在政府主导下促进高校、企业、社会组织之间的联合，建立协同创新组织协调机构，进而引导体育等资源在市场作用下自由流动，使各个主体都能取长补短、共同发展；应鼓励建立体

---

① 段艳玲，刘兵 . 我国体育产学研协同创新动力机制实证研究 [J]. 体育科学，2019，39（1）：47-54.

育领域科研技术平台，充分发挥其信息数据收集功能，促进有效的信息沟通，大力推进资源的网络化管理，提高协同创新效率。此外，由于在跨学科、跨区域的研究过程中，各个研究单元在进行工作时，往往会涉及自身所在领域的技术研究成果。因此，建立科学合理的评价体系在合理划分协同创新工作的职责与权限、保护各个主体的利益、激发科研人员协同创新动力等方面都发挥着重要作用。

（六）重视优势领域

由于我国各地区体育发展水平参差不齐，每个主体所擅长的专业领域也各不相同，因此各部门需要结合自身实际，选取优势重点领域与相应主体展开合作并谋求协同创新，这不仅易于取得成果，还能起到示范效应与带头作用，如福建可以推动本地区发展较好的体育用品制造业与运动科学研究主体开展合作，向研究主体提供消费者运动数据，进而借助研究成果提高产品竞争力，从而实现协同创新的良性循环。这要求各部门加强自我认知与统筹，坚持发扬自身特色，实事求是地进行交流合作。

第四章　实验室团队建设和人才激励机制

在加快建设体育强国的征程中，科研创新是体育事业改革发展的坚强后盾，如何为我国体育科研团队营造良好的创新环境、如何打造合理的人才结构梯队、如何提高体育科研团队的创新能力将成为体育科学技术发展和进步的重要抓手。体育科研院所在国家体育事业发展中扮演着重要的角色，如紧紧围绕国家体育事业发展实践主战场开展全方位、多层面的科研工作，为我国体育事业可持续发展和提高国际竞争力提供科技支持。本章将分析国内外科研创新团队的环境构建及相关机制，通过分析北京体育大学中国运动与健康研究院的团队现状，提出促进体育院所科研团队科研能力提升的有效路径，以期推动我国体育科技事业的发展。

第一节　团队建设相关概念及理论

一、相关概念界定

本章的相关概念界定及分析主要有以下方面。

（一）团队与科研团队

"团队"概念起源于美国。20世纪80年代，美国经济学家Armen Albert Alchian 和 Harold Demsetz 在《生产、信息成本与经济组织》中首次提出"团队"的概念。Katzenbach 和 Smith 认为："团队就是由少数有互补技能、愿意为了共同的目的、业绩目标和方法而相互承担责任的人们组成的群体。"[①] 此后，很多学

---

① 卡曾巴赫.团队的智慧：创建绩优组织 [M]. 侯玲，译. 北京：经济科学出版社，1999: 16–17.

者从不同角度界定"团队"的概念，但大家普遍认为团队是由一些具有互补技能、共同目的与业绩目标，使用共同的方法和相互承担责任的个体所组成的正式群体。

关于科研团队，国内比较认可的概念是以科学技术研究与开发为内容、由为数不多的技能互补的、愿意为共同的科研目的、科研目标和工作方法而相互承担责任的、以大学科研人员为主组成的群体[①]。

高校科研团队是科研团队的一个特殊分支。从狭义上看，高校科研团队是大学内部和大学之间合作的创新团体；从广义上看，高校科研团队还包括高校与企业之间、高校与科研院所各类行为主体间的团队合作形式。

（二）创新和创新环境

创新是以现有的思维模式提出的有别于常规或常人思路的见解为导向，利用现有的知识和物质，在特定的环境中，本着理想化需要或为满足社会需求，而改进或创造新的事物，包括但不限于各种产品、方法、元素、路径、环境等，并能获得一定有益效果的行为。创新是创立新事物或新思想的过程，既包括"无中生有"的原创，也包括"有中生新"的再次创新[②]。

创新环境是指有益于人们发挥创新精神、能够推动创新活动获得成功的各种因素和条件。体育科研院所团队的创新环境主要指围绕"科学研究"这一中心所形成的有利于科研开发、提高科研质量的空间、条件和状况的总和。科研团队创新环境是创新力形成的重要影响因素，具有民主性、开放性、现实性、感染性、互动性等特征，既是实施创新性研究的基础，也是科研团队培养创新人才的重要条件。良好的创新环境能营造一种积极的科研氛围，带给科研人员无形的动力，更有利于创新人才成长。

（三）科研创新团队及激励机制

科研创新团队包括科学技术和人文社会科学两方面，以科研创新为目标，以知识能力互补为条件，团队成员数量适度、分工明确，具有团队文化和创新意识，具有一定的资源保障条件。科研团队的评价不仅要考虑团队研究成果和影响

① 陈春花．杨映珊．基于团队动作模式的科研管理研究 [J].科技进步与对策，2002，19(4): 79–81.
② 郭桂英．学习与创新的关系及其教育 [J].教育与现代化，2001（4）: 60–64.

力，还要对团队合作过程进行测量和评估。[①]因此，如何有效激发团队成员的创新动力极为重要。"激励"由英文"motivation"翻译而来，是心理学术语，主要指引发个体产生明确目标行为的内在动力。科研创新团队的激励机制是一种有利于激发团队创新活力的保障机制。激励机制要精准保障服务国家战略、承担国家使命的重点人才和团队，形成鼓励承担国家重大任务、潜心重大基础前沿研究、创造重大成果业绩、体现公平公正与激励约束的收入分配制度体系。激励机制还要考虑为科技人才提供住房、解决子女入学问题、确保医疗健康、提供后勤服务等，切实解决科研人才的后顾之忧，增强科研创新团队的凝聚力、向心力。

科研创新团队需要相应的制度保障，包括合理有效的竞争机制、约束机制、激励机制、利益导向机制等，其中利益导向机制是调动广大科研工作者积极性的重要手段。科研团队激励机制一般涉及科研经费、科研服务、仪器设备、办公用房、职称晋升、评优评奖等内容，经费来源包括政府资助、学校资助和社会捐助等。管理者要积极为创新人才提供知识产权保护政策、财政税收优惠政策、科研经费资助政策、公共采购优先政策等，营造良好的学术自由氛围。

（四）科研团队的构成要素

2022年1月，《教育部　财政部　国家发展改革委关于深入推进世界一流大学和一流学科建设的若干意见》强调，要"完善创新团队建设机制。优化团队遴选机制，健全基于贡献的科研团队评价机制，大力推进科研组织模式创新。优化高等院校、科研院所、行业企业高端人才资源在教育教学方面的交流共享机制，促进高水平科研反哺教学。加强创新团队文化建设，探索建立创新容错机制，营造鼓励创新、宽容失败的环境氛围"。

科研创新团队的构成要素包括组织模式、运行机制、文化建设及保障措施等。科研创新团队一般由若干名核心成员组成，按照合理的专业结构、年龄结构等构成学术梯队。科研创新团队要形成良好的团队氛围，令团队成员愿为共同的科研目标或科研方向努力钻研，需要建构合理的制度体系及人才激励机制，还要依托实验室的现实条件资源，如较好的科研基础和设备设施等软硬件条件。体育院所要根据实际情况，依托重点实验室、技术研究平台等打造科研创新团队。

---

① 黄颖，李瑞婳，刘晓婷，等.科研团队学：内涵、进展与展望[J].图书情报工作，2022，66(4)：45-55.

二、相关理论辨析

下面对本章相关理论进行辨析，以作为本章的支撑理论。

（一）人力资本理论

人力资本理论起源于18世纪。伴随着人类进入大工业时代，资本主义生产完成从工厂手工业向机器大工业的过渡，致使人的知识和技术因素在生产中发挥着越来越大的作用，人力资本理论的产生标志着人力资本与物质资本的分开，明确了人力资本在经济社会发展中的关键作用。西奥多·舒尔茨是较早研究人力资本理论的学者之一，他认为人力资本是现代经济增长的主要动力和源泉，人的知识、能力和技术水平的提高对经济增长的贡献远比物质资本、劳动力数量的增加重要得多，对人力资本的投资能够产生递增的收益。罗默和卢卡斯是新经济增长理论的代表人物，他们把技术进步内生化，构建了知识积累模型，即AK（accumulation of knowledge）模型。[①]卢卡斯提出的"人力资本积累增长模型"表明，人力资本积累具有通过学校学习积累人力资本的"内部效应"和"干中学"积累人力资本的"外部效应"。总体来看，人力资本理论认为教育在社会和经济发展中起着关键作用，因此各国都十分重视通过教育投入和健康投资来提升人力资本水平。

人力资本的大量投入能够促进团队科研能力的不断提升，具有正向激励效应。科研院所必须优化人力资本发展环境，形成"以制度激励人，以学术氛围吸引人，以资源保障人"的促进人才健康成长的优良环境，科研院所应通过对人力资本的合理配置、科学规划，积极引导人才进行个人职业生涯设计，使人才获得超越生存需要的、更全面的自由发展[②]。

（二）政策执行理论

马斯洛需求层次理论将人的需求分为生理需求、安全需求、社交需求、尊重需求和自我实现需求5个层次。人在满足低级需求后，便会产生更为高级的需求。需求是政策执行的原始动力，政策执行者在执行过程中首先考虑的并非贯彻

① 王增武，张晓东 . 人力资本理论文献综述 [J]. 江苏师范大学学报（哲学社会科学版），2022，48(3): 97–110，124.
② 吴松强 . 创新人才培养的文献综述及理论阐释 [J]. 现代教育管理，2010(4): 68–70.

执行，而是"利我"需求。动机是在需求的基础上产生的，在需求和动机满足后才会产生政策执行行为。政策执行力则指政策主体使政策执行达到预期效果的能力。

政策执行理论起源于西方，普雷斯曼和韦达夫斯基的《实施（执行）》一书引发了政策执行研究热潮。该理论发展的每个阶段都会受到对应历史时期西方经济社会发展状况和经济学思潮的影响。[①]

（三）激励理论

激励是组织及其个人通过设计适当的奖酬形式和工作环境，以及一定的行为规范和惩罚性措施，借助信息沟通来激发、引导、保持和规范组织及个人的行为，以有效地实现组织及个人目标。20世纪以来，国内外学者从不同角度提出很多激励理论。按照激励与行为的关系激励理论可分为内容型激励理论、行为改造型激励理论、过程型激励理论和综合型激励理论。内容型激励理论中较为著名的是马斯洛的需求层次理论和麦克利兰的成就需要理论；行为改造型激励理论以斯金纳的强化理论为代表，即通过对人的认可、表扬、改善工作条件、给予成长机会等正强化和批评、处分、降级等负强化来影响行为；过程型激励理论着重研究动机的形成和行为目标的选择；综合型激励理论不仅强调外在激励的重要性，而且重视内在激励，提出更有效的调动人的积极性的方法。[②]无论哪种激励理论，其最终目标都在于激发人的主观能动性和创造力，最大程度地激发人工作的积极性，从而实现团体价值与个人目标的双赢。

第二节　国内外创新团队建设经验与启示

国内科研平台建设与管理研究主要包括实验室创新、实验技术与实验室发展、仪器设备研究与开发、现代教育技术和信息化技术应用、实验教学研究与改革、实验室建设与管理等，取得了很多阶段性成果。[③]

---

① 唐培育，贾立敏．提高高校科研团队管理执行力的思考 [J]．三峡大学学报（人文社会科学版），2009，31(S1): 233-234.
② 徐建平．组织行为学 [M]．2 版．北京：中国人民大学出版社，2014.
③ 许业河．华南理工大学实验室建设与管理研究 [D]．广州：华南理工大学，2009.

一、重要地位

加强创新团队建设具有重要意义。创新是民族进步的灵魂，是国家繁荣发展的不竭源泉。随着现代科技的发展，科学融合和交叉趋势不断加强，这也是科学研究发展的必然趋势，创新是一个科研团队取得新的科技发现和重大科技进展的重要途径。新时期，技术创新左右了国家在经济、社会发展中的主动性，因此，世界各国普遍形成了国家技术创新体系。我国科学研究的五大体制包括科学院体系、国防科研体系、高等院校体系、各部委科研体系以及地方和企业科研体系[①]。科研院所以其功能齐全、技术优势雄厚的专业特色和人才优势，已经成为我国技术创新系统中原始创新的主要源头，是我国科技研发的重要驱动力量；高校创新能力也是国家创新体系的重要部分。在构建我国科技创新体制的进程中，高校已成为主力军，承担着重要历史使命，高校科技创新水平已成为一个国家科技水平的重要标志[②]。

二、团队建设

黄永康认为团队建设是实验室稳定发展的核心保证，要贯彻"以人为本"的管理理念。要创新政策，吸引人才，稳定与流动相结合，注重提高实验室团队的科研创新能力；要积极将高层次的专业技术人员引进实验室队伍，提高设备使用和管理人员的业务素质，稳定设备使用和管理人员队伍，注重提高实验室技术管理队伍的素质和能力；同时要充分发挥研究生科研助手的作用。[③]

续圆总结了科技创新团队的4个方面的成效：一是基本形成了多层次、多类型的重点学科和重点实验室建设体系；二是重点学科和重点实验室自身取得了长足进步；三是带动了相关学科和实验室的发展；四是增强了高校服务社会的意识和能力。续圆还分析了团队建设的不足，包括不同领域重点学科建设水平存在差异、同一级别学科建设发展不平衡、区域经济社会发展的紧密程度有待加强、管理机制不适应学科建设发展的需要、平台和团队的互动需要加深。[④]

徐丹介绍了学科交叉团队在国家重点实验室发展中的重要作用，强调要为优

① 胡启俊. 管理科学与高校科研管理 [M]. 北京：北京师范大学出版社，1988: 57.
② 王生钰，李培凤. 论高等学校科技创新体系形成的标志 [J]. 教育理论与实践，2003(21): 34-37.
③ 黄永康. 优化广西重点实验室项目运行绩效评价体系研究 [D]. 武汉：武汉工程大学，2018.
④ 续圆. 山西省重点科技创新平台和团队建设研究——基于"山西省科技创新团队建设计划"实施的分析 [D]. 太原：山西大学，2018.

秀学科交叉团队营造良好环境。鼓励学科交叉团队尽快适应以重大需求为导向，以解决问题成效为衡量标准的科研课题分派机制和激励机制；要营造宽松的科研生态环境，更好地发挥学科交叉团队的重要作用，让优秀的科研人员心无旁骛地潜心研究，为国家重大科学研究做出贡献。[①]

姜文华分析了加拿大麦吉尔大学医学科研实验室，认为团队管理是其成功的基础；该实验室的优势包括卓越的团队领军人物、分工协作的团队日常运行、常态化的国内外合作与交流。他同时指出，科研工作者普遍具有执着于科研、不急功近利、热爱生活等特点。[②]

三、影响因素

坎皮恩等人构建了团队建设影响因素模型，包括工作设计、相互依赖性、团队构成、环境和团队运行过程[③]；张卫枚运用层次分析法确定了团队建设5个影响因素的权重。[④]季小天以国家自然科学基金项目创新研究团队为样本进行研究，发现有利于研究型大学一流创新团队形成的因素包括经济发达地区，基础科学领域，"双一流"大学，获得国家三大奖；另外，成为一流科研创新团队，有利于获得国家三大奖，有利于团队负责人成长；男性团队、博士学历、师承名师或担任行政职务的负责人能够更快地促进一流科研团队形成。[⑤]崔利旗等认为重大科研团队成员合作态度差异较大，重视团队合作且理解如何在科研工作中建立团队合作关系的科研人员，其团队科研绩效往往较好；但重大科研项目团队常常是跨学科、跨地域的大团队运作，很难做到常规化的团队沟通与融合，如果强加实施，可能会流于形式，甚至引起团队成员对合作的反感。[⑥]侯二秀通过对62个科研团队、498名团队成员进行调研，发现科研团队内部协同因素对团队创新绩效有正向影响，并在外部协同因素与团队创新绩效之间起中介作用。内部因素包括变革型项目领导、团队规模、团队结构、优质科研资源、学术交流及创新氛围；

① 徐丹，刘然，王启亮.学科交叉团队建设在国家重点实验室重组中的重要作用——以吉林大学超硬材料国家重点实验室为例 [J].实验技术与管理，2021，38（12）：14-18.
② 姜文华.加拿大麦吉尔大学医学科研实验室管理及其启示 [J].中国高等医学教育，2020(10)：127-128.
③ CAMPION M A, PAPPER E M, MEDSKER G J. Relations Between Work Team Characteristics and Effectiveness: A Replication and Extension[J]. Personnel Psychology, 1996, 49(2): 429-452.
④ 张卫枚.团队有效性影响要素的 AHP 分析 [J].沿海企业与科技，2007(2)：54-56.
⑤ 季小天，赵文华.研究型大学一流科研创新团队的影响因素分析——以国家自然科学基金委创新研究群体为样本 [J].科学管理研究，2021，39(6)：43-53.
⑥ 崔利旗，马卫华.影响重大科研项目团队合作绩效的关键因素研究 [J].科技管理研究，2017，37(14)：104-112.

外部因素包括政策引导、科研经费投入、信息支持、创新制度保障、技术支持及人才支撑。部分外部协同因素会作用于内部因素，从而产生协同关系，共同作用于团队创新绩效。[①]

整体来看，团队绩效受以下5个方面因素的影响：

一是政策因素。政策因素包括国家和地方行政部门及高校本身关于人才培养、人事安排、工资福利、奖惩措施和实验室建设与管理的制度政策等。科研团队产出不高，主要在于政府科研奖励制度、研发支持力度、科研优惠政策等激励体制的不合理。目前高校在评优评奖、职称晋升等激励政策中存在重个人成果、轻团队合作的现象。

二是经济因素。经济因素包括实验室资金投入、日常运行费用、仪器设备价值、水电资源消耗、人工费用、高新技术支撑等。2021年8月，国务院办公厅发布《关于改革完善中央财政科研经费管理的若干意见》，直面当前科研经费管理的痛点、堵点问题，从扩大科研项目经费管理自主权等7个方面提出25点意见，包括简化预算编制、下放预算调剂权、扩大经费包干制实施范围等为科研经费"松绑"，为科研人员"减负"。

三是理念因素。改革开放前，我国高校以教学为主要任务，很少开展科研工作，这导致高校科研工作多数为教学服务。改革开放后，国家日益重视高校的科研职能，但科研团队发展理念还是滞后。高校科研还存在制度不健全、学术不规范、团队文化不健全等问题，这制约着高校科研团队的发展。

四是评估因素。高校科研团队能够重视评估工作，但出现"唯头衔、唯论文"等现象，在评估时没有遵循科研规律，没有把科研投入产出与学术价值、经济价值、社会价值和培养创新人才等有机结合，致使高校科研团队很难产出世界一流的创新成果。

五是社会因素。社会因素包括社会对高等教育的期望，对人才培养质量的要求，对社会服务的需求等。高校科研团队取得重大创新成果一般需要很长时间，但信息化时代，社会飞速发展，科学发展呈指数式增长，高校科研团队短期内难

[①] 侯二秀，秦蓉，杨洋，等.协同创新视角下科研团队创新绩效影响因素实证研究 [J].中国人力资源开发，2016(15)：15–27.

以满足社会需求，取得原创性成果。①

四、主要问题

续圆对山西省19个科技创新拟立项团队3年发展过程的研究发现，其在取得可喜成果的同时也存在不足，主要是团队建设涉及领域有限，发展水平不均衡，平台与团队之间互动不足，产业化水平较低，科技成果转化较弱，没能依托省内优势发展特色企业创新团队，评价体系不够细化，管理机制还需进一步完善。②

邓链认为高校科研团队发展中存在的问题是科研思维保守，颠覆性技术创新意识不足；专业背景单一且缺乏学科交叉，人才流动不充分；高校科研资源的科学分配有待加强；市场意识淡薄，缺乏融入市场环境的积极性③。

王莹认为我国科研团队创新能力不足的表现在于创新管理能力不足、团队研究氛围有待改善、高校科研团队人才培养后劲不足、科研经费配置针对性不强、科技体制缺乏活力。制约因素包括历史传统文化因素、我国创新文化氛围缺乏、团队内部存在学术不端现象、团队文化建设薄弱。④

整体来看，我国科研院所团队的主要问题是队伍结构不合理，内部活力不足，组织松散、管理混乱，人员流动、资源共享和学科交叉不足，内外沟通不畅；学术成果转化率不高，产出效率低，产出数量少，学术成果产出质量不优，科技成果没能有效转化到国家重大战略需求上；建设水平不足，无法满足教学、科研需求，实验室建设规划和运行效益都缺乏竞争力；重成果、轻评估，没有构建政府、社会团体、企业、投融资组织等共同参与的多元评价体系。

五、对策研究

针对科研创新团队建设的现状及各类影响因素，专家学者提出了一系列对策建议。

马馨雨建议要基于知识共享理念构建科研团队创新体系，注重以人为本的指导理念、知识共享的核心思想、主客合一的原则规律、团队协同的共享文化；构建条件要注重丰富科研团队知识共享形式，建立科研团队知识库系统，完善团

① 张茂林.创新背景下的高校科研团队建设研究 [D].武汉：华中师范大学，2015.
② 续圆.山西省重点科技创新平台和团队建设研究——基于"山西省科技创新团队建设计划"实施的分析 [D].太原：山西大学，2018.
③ 邓链.我国高校科研团队颠覆性技术创新的驱动策略研究 [D].上海：上海应用技术大学，2020.
④ 王莹.创新友好型科研团队文化建设研究 [D].武汉：武汉科技大学，2016.

技术基础设施建设，营造协同共享氛围；构建途径要注重选拔优秀负责人，落实团队成员定期培训制度，构建扁平化组织机构，建立知识共享激励机制，规范知识共享的约束机制。①

侯二秀等认为，提升团队绩效需提高变革型项目领导的综合能力素质，要有效整合与开发团队优质科研资源，构建资源信息共享平台，制定激励创新政策，保证科研经费投入，以持续支持团队科学研究。②

续圆通过对山西省科技创新团队出现的问题的分析，结合对江西、浙江和云南科技创新团队建设经验的分析，建议发展科技创新团队要采取8个方面的措施：一是加强政府顶层设计，完善政策管理；二是加大团队多元投入，健全资源支撑；三是扩大团队人才资源，保障人才力量；四是加强平台与团队交流，促进双赢发展；五是深化团队间的合作机制，加强成果转化；六是建立评价指标机制，完善评价体系；七是充分发挥资源优势，发展特色产业；八是坚持共享发展道路，创新发展理念。③

王莹提出的建设创新友好型科研团队文化对策是通过创建良好的基础教育环境、增强社会整体文化创新氛围，合理借鉴国外科研团队文化建设经验，发挥政府的主导作用；通过建立科学的科研院所文化创新机制、培育和谐创新的高校科研团队文化氛围、树立系统的企业科研团队创新人才理念，加强科研团队自身文化建设；通过树立正确的学术价值观、坚持团队合作与独立创新结合，提高科研团队成员自身文化素养。④

对于上述高校科研团队成长发展的影响因素和建设措施的研究讨论，我们通过分析可以发现，学者们都是从制度、文化、管理等层面去探讨和论证，研究视野较为开阔。但专门探讨体育院所科研团队创新环境的文献较少，怎样的环境有利于体育院所科研团队创新，如何有效提高体育院所科研团队创新能力是值得深入探讨的问题。

① 马馨雨. 基于知识共享的高校科研团队创新体系研究 [D]. 哈尔滨：哈尔滨理工大学，2018.
② 侯二秀. 秦蓉，杨洋，等. 协同创新视角下科研团队创新绩效影响因素实证研究 [J]. 中国人力资源开发，2016（15）：15-27.
③ 续圆. 山西省重点科技创新平台和团队建设研究——基于"山西省科技创新团队建设计划"实施的分析 [D]. 太原：山西大学，2018.
④ 王莹. 创新友好型科研团队文化建设研究 [D]. 武汉：武汉科技大学，2016.

六、改革实践

2021年，中国科学院天津工业生物技术研究所在淀粉人工合成领域取得原创性重大突破，在国际上率先实现二氧化碳到淀粉的从头合成，该成果是由一支平均年龄30岁的优秀青年学者完成的。其成功经验在于中国科学院始终重视国家创新人才培养，结合科研实践建立高质量人才自主培养体系，并围绕学科布局团队，不拘一格发现和使用人才，健全分类支持体系，完善人才评价机制，形成了风清气正的科研发展生态，促使各类创新人才活力迸发，重大科技成果不断涌现。[①]

中国科学院合肥物质科学研究院积极打造国际一流的科研平台，汇聚海内外高层次人才，充分发挥领军人才"头雁"效应和大科学装置"磁吸"作用，形成"靶向引才""精准育才"的人才引育格局。他们根据各科研单元的学科特点和发展方向，科学规划、调整人员结构与层次；多种途径扩大各类青年科研基金资助，广泛开展国际合作，不断提升人才国际化程度，营造人才宜居"小生态"，构建优秀人才脱颖而出的机制和环境。[②]

浙江省企业通过不断的技术创新、管理创新、政策创新等适应市场变化，提升自身在行业中的核心竞争力，在研发新技术的同时对新技术进行应用，取得营业、销售收入和知识产权的多元化发展；企业技术中心评价指标体系构建的不断完善与实施使浙江省企业跨越式发展。云南省依托得天独厚的地理环境，积极发展具有地方特色的产业技术创新战略联盟，联盟成员在政府的有效引导下，不断完善创新平台，交流经验，共享技术，交换资源；云南省特色产业凭借创新平台资源共享的便利条件，解决了行业关键共性技术与核心技术问题，从而推动所在行业快速发展，逐渐将特色产业发展为优势产业，并且带动了云南省产业技术创新战略联盟的整体发展。[③]

中国科学院上海生命科学研究院自主部署人才项目建设人才梯队；西北有色金属研究院深化人才激励改革，进行科研骨干持股探索；北京航空航天大学实施"鲲鹏逐天"人才计划，不仅对人才业绩成果进行激励，而且对人才机构和人才

---

① 吴月辉. 建立高质量人才自主培养体系——中科院积极建设国家创新人才高地（深入实施新时代人才强国战略）[N]. 人民日报，2021-10-10（2）.
② 徐靖. 中国科学院合肥物质科学研究院：创新，以国家需求为己任 [N]. 人民日报，2022-01-18（12）.
③ 续圆. 山西省重点科技创新平台和团队建设研究——基于"山西省科技创新团队建设计划"实施的分析 [D]. 太原：山西大学，2018.

服务管理人员进行激励；山东大学从2018年起，每年支持10个创新团队，每个团队每年给予1000万元经费支持，积极打造创新团队。国内各类科研院所都在积极改革人才政策和激励机制，加强创新团队建设。

七、评述与启示

根据前文文献综述，发现关于实验室团队建设和人才激励机制相关研究存在以下问题：一是总体处于经验阶段，关于实验室团队建设和人才激励的基础理论进行系统研究的成果不多见；二是研究还不够系统深入，关于实验室团队建设的构成要素和人才激励机制的对策分析缺乏科学性、系统性分析，关于实验室和科研平台、科技创新团队的概念也含混不清。为响应国家关于2035年全面建成体育强国的战略部署，需要通过体育院校、体育科学研究所等创新团队的建设增加科研实力，为体育强国建设奠定坚实基础。

本章以上述研究成果为起点，在相关理论指导下，以实验室团队建设和人才激励机制为研究核心，分析实验室团队建设和人才激励机制存在的问题和原因，提出相应的对策措施。

第三节　体育系统科研团队个案研究

当前中国正在努力建设创新型国家，科技创新已成为一个国家和社会发展的关键因素。体育类科研院所科研团队创新环境的构建是提高其创新能力的基础和前提。第二章已经对体育科研现状做了分析，本节通过个案研究分析北京体育大学中国运动与健康研究院科研团队创新环境。

一、基本情况

本研究以中国运动与健康研究院科研团队为例，就科研团队建设情况进行分析。该团队年龄结构呈现倒U形，以41~50岁人员最多，占38.10%，是一支老中青结合的队伍，见表4-1；博士后、博士、硕士、本科所占比例分别为4.76%、71.43%、19.05%、4.76%，见表4-2；其中具有正高职称的占28.57%，具有副高职称的占38.10%，具有中级职称的占33.33%，无初级职称，见表4-3。

表 4-1　中国运动与健康研究院科研团队成员年龄情况

年龄	30 岁以下	31~40 岁	41~50 岁	51~60 岁
人数	1	7	8	5
百分比 /%	4.76	33.33	38.10	23.81

表 4-2　中国运动与健康研究院科研团队成员学历情况

学历	本科	硕士	博士	博士后
人数	1	4	15	1
百分比 /%	4.76	19.05	71.43	4.76

表 4-3　中国运动与健康研究院科研团队成员职称情况

职称	初级	中级	副高级	高级
人数	0	7	8	6
百分比 /%	0.00	33.33	38.10	28.57

从主要职责看，80%以上团队成员负责实验管理与服务，60%以上的成员进行科学研究，另外还有42.86%的成员有教学任务或研究生导师相关任务；其他职责还包括行政管理、全民健身服务、企业合作、国家队服务、国际化等。可以看出，这样的团队承担着多样化的任务，依托实验室资源条件，在实验室管理与服务的同时，以科学研究为主，兼顾竞技体育、全民健身、企业合作等各项工作（表4-4）。

表 4-4　中国运动与健康研究院科研团队成员主要职责

内容	选择人数	占比 /%	排序	系数
实验管理与服务	17	80.95	1	2.43
科学研究	14	66.67	2	2.00
教学或学生导师	9	42.86	3	1.29
行政管理	5	23.81	4	0.71
全民健身服务	5	23.81	5	0.71
企业合作	3	14.29	6	0.43
国家队服务	2	9.52	7	0.29
国际化	1	4.76	8	0.14

注：单项平均值＝总选择人数／项目总数＝56/8 = 7；
　　平均选择系数＝单项选择人次／单项平均值＝单项选择人次/7.00。

从科研能力及水平看，主持过校级课题的成员占66.67%，主持过省部级课题的成员占47.62%，同时有33.33%的成员主持过国家级课题，见表4-5。从参与课题情况看，100%的成员参与过各层级的课题，66.67%的成员参与过国家级课题，90.48%成员参与过省部级课题，见表4-6。参加全国性会议、省级学术会议（二级学术会议）和国际级会议的比例分别是95.24%、90.48%、66.67%，见表4-7。整体来看，该团队成员科研能力较强，科研积极性高，学术氛围浓厚。

表 4-5　中国运动与健康研究院科研团队成员主持课题情况

内容	选择人数	占比 /%	排序	系数
校级	14	66.67	1	1.94
省部级	10	47.62	2	1.39
国家级	7	33.33	3	0.97
厅局级	3	14.29	4	0.42
地市级	2	9.52	5	0.28

注：单项平均值 = 总选择人数 / 项目总数 = 36/5 = 7.2；
　　平均选择系数 = 单项选择人次 / 单项平均值 = 单项选择人次 /7.20。

表 4-6　中国运动与健康研究院科研团队成员参与课题情况

内容	选择人数	占比 /%	排序	系数
校级	20	95.24	1	1.49
省部级	19	90.48	2	1.42
国家级	14	66.67	3	1.04
厅局级	9	42.86	4	0.67
地市级	5	23.81	5	0.37

注：单项平均值 = 总选择人数 / 项目总数 = 67/5 = 13.4；
　　平均选择系数 = 单项选择人次 / 单项平均值 = 单项选择人次 /13.4。

表 4-7　中国运动与健康研究院科研团队参与学术会议情况

内容	选择人数	占比 /%	排序	系数
全国性会议	19	90.48	1	1.29
省级学术会议	18	85.71	2	1.22
国际级会议	16	76.19	3	1.08
校级学术会议	6	28.57	4	0.41

注：单项平均值 = 总选择人数 / 项目总数 = 59/4 = 14.75
　　平均选择系数 = 单项选择人次 / 单项平均值 = 单项选择人次 /14.75

从表4-8可以看出，虽然半数以上成员获得过省部级奖励，但国家级重大奖项还比较缺乏。团队成员被问及，如果没有外界压力，是否会进行科研工作，回答肯定会的占76.19%，可能会的占23.81%，没有人选择不做科研，展示出团队成员对科研工作的执着和激情。团队整体科研积极性比较高，每年均有论文发表，多数成员年均发表1篇论文，发表5篇以上的占14.29%，科研潜力还有待挖掘，见表4-9。课题组同时请团队成员评价自己的科研能力，近6成成员认为比较好，42.86%的成员感觉一般，见表4-10。71.43%的成员愿意积极开展科学研究、认真撰写论文、主动申报课题的主要目的是"提高自身学术水平"，其次才是评职称；超过半数成员本身对科研有兴趣，愿意指导学生提高科研能力，也愿意投身到健康中国战略中，见表4-11。

表 4-8 中国运动与健康研究院科研团队获奖情况统计

内容	选择人数	占比 /%	排序	系数
省部级	12	57.14	1	2.48
校级	9	42.86	2	1.86
未获过奖	5	23.81	3	1.04
厅局级	2	9.52	4	0.41
地市级	1	4.76	5	0.21
国家级	0	0.00	6	0.00

注：单项平均值 = 总选择人数 / 项目总数 = 29/6 = 4.83；
平均选择系数 = 单项选择人次 / 单项平均值 = 单项选择人次 /4.83。

表 4-9 中国运动与健康研究院科研团队年均发表论文情况

项目	人数	占比 /%
没有发表	0	0.00
1 篇左右	9	42.86
2~3 篇	5	23.81
3~5 篇	4	19.05
5 篇以上	3	14.29

表 4-10 中国运动与健康研究院科研团队自身科研能力评价情况

项目	人数	占比 /%
很好	1	4.76
比较好	11	52.38
一般	9	42.86
较差	0	0.00
很差	0	0.00

表 4-11　中国运动与健康研究院科研团队科研动机情况统计

内容	选择人数	占比 /%	排序	系数
提高自身学术水平	15	71.43	1	1.34
评职称	12	57.14	2	1.07
本身有这方面兴趣	11	52.38	3	0.99
指导学生提高科研能力（大创等）	11	52.38	4	0.99
服务健康中国战略	10	47.62	5	0.90
完成实验室科研任务	8	38.10	6	0.72

注：单项平均值 = 总选择人数 / 项目总数 = 29/6 = 4.83；
　　平均选择系数 = 单项选择人次 / 单项平均值 = 单项选择人次 /4.83。

二、要素分析

（一）硬件环境

对于一个科研团队来讲，硬件环境是基础和前提。优越的科研条件和充裕的研究经费是团队科研工作持续稳定发展的基础，在培养和打造高素质科研队伍、促使团队产出高水平科研成果等方面都起着十分重要的保障作用。若缺乏最基本的软硬件保障条件，科研团队很难做出卓越的科研成果。[1]

从表4-12可以看出，中国运动与健康研究院在硬件环境方面的建设是值得肯定的，团队成员对实验室设备数量的满意度比较高，但设备完好程度、满足创新研究的水平比较弱。实验室面积不足，研究经费更是最差。实验室硬件环境包括科研场地、办公用品、试验设施、科研仪器和科研经费等多方面物质条件，目前看该团队设备数量比较充足，但面临老化、陈旧、无法满足前沿需要等困难，加上空间、经费都不充足，不利于保障团队科研成果的产出效率与产出质量。

---

[1]　陈德经 . 论科研基金项目失败的原因及对策 [J]. 科技·人才·市场, 1999(3): 60–61.

表 4-12 科研团队创新环境——硬件环境

调查内容	0分/%	1分/%	2分/%	3分/%	4分/%	5分/%	分值
实验室设备数量	0.00	0.00	14.29	33.33	33.33	19.05	3.57
实验室设备完好程度	0.00	0.00	19.05	33.33	38.10	9.52	3.38
科研设备能够满足创新研究	0.00	9.52	19.05	42.86	14.29	14.29	3.05
实验室面积宽松	9.52	23.81	9.52	33.33	14.29	9.52	2.48
团队研究经费充足	4.76	47.62	19.05	14.29	9.52	4.76	1.90

"团队研究经费充足"得分只有1.90分，由此可见，中国运动与健康研究院团队在经费的支持上还远远不够。科研经费的使用贯穿于科研活动的始终，主要包括课题经费、科研资助、试剂耗材等。该团队忽略了最基本的物质条件支持，没有经费这一物质条件的保障，很多科研活动将难以开展，会严重阻碍科研团队发展。例如，深度测试实验需要昂贵的试剂耗材，前沿研究更新仪器设备需要经费支持，掌握研究信息、把握研究动向、提高团队成员科研水平、委派成员外出参加各种学术会议也需要经费保障，等等，这些对科研成果的产出都具有较大的影响。只有充足的研究经费才能极大地增强科研人员投身前端研究的信心和勇气，团队成员不必为科研经费分心，才能够集中精力，全身心地投入到科研活动中，才能提高团队绩效。

（二）人力资源

表4-13显示，大家普遍认为实验室科技服务团队、全民健身服务团队、基础研究团队水平差不多，都属于一般稍好的情况，得分区间为3.33~3.38分；主动健康科普团队和体卫融合团队条件略差。整体来看，这5个方面的人才团队均有提升空间。科研团队需要有更加明晰的方向，要结合不同的社会需求集聚各类人才。

表 4-13 对实验室人才条件的评价情况

题目/选项	0分/%	1分/%	2分/%	3分/%	4分/%	5分/%	分值
有很好的科技服务团队	0.00	4.76	14.29	23.81	52.38	4.76	3.38
有很强的全民健身服务团队	0.00	4.76	9.52	33.33	47.62	4.76	3.38
有很好的基础研究团队	0.00	9.52	9.52	33.33	33.33	14.29	3.33
有很好的主动健康科普团队	0.00	9.52	9.52	38.10	38.10	4.76	3.19
有很好的体卫融合团队	0.00	14.29	14.29	33.33	28.57	9.52	3.05

高层次领军人才是科研创新团队的核心要素，否则团队整体效能难以发挥。表4-14显示，提高科研能力的途径，除了自身必须不断学习并且紧跟国际前沿知识外，还需要学校领导重视并加强政策引导，更需要由学术带头人指导帮扶。只有学术骨干和领军人物才能更好地带领有潜质的年轻力量攻坚克难，不断攀登。但随着研究院一批知名老教授的退休，团队在某个时期会出现断档。

表 4-14　提高自身科研能力途径情况统计

内容	选择人数	占比 /%	排序	系数
自身必须不断学习，紧跟国际前沿	21	100.00	1	1.50
学校领导重视，加强政策引导	17	80.95	2	1.21
由学术带头人指导帮扶	16	76.19	3	1.14
拓展国内外学术交流机会	13	61.90	4	0.93
需要具体的激励机制	13	61.90	4	0.93
增加培训进修时间和次数	10	47.62	6	0.71
其他	1	4.76	7	0.07

注：单项平均值 = 总选择人数 / 项目总数 = 112/8 = 14.0；
平均选择系数 = 单项选择人次 / 单项平均值 = 单项选择人次 /14.0。

（三）创新环境

在创新环境方面，沟通交流是人与人之间基本的相处方式，也是最重要的渠道。对于一个科研团队来讲，成员间的沟通交流更为重要。例如，"团队成员间沟通渠道顺畅"和"成员间经常进行学术思想交流"得分较高，见表4-15。"团队能提供各种学术交流机会"的得分一般，其后是"团队经常与国内外同行合作交流"。团队一直坚持在线邀请国内外知名专家举办讲座，召开座谈会，使团队成员有机会接触更多、更好的学术思想，开阔视野，拓展知识面。

表 4-15　科研团队创新环境——创新环境

调查内容	0分 /%	1分 /%	2分 /%	3分 /%	4分 /%	5分 /%	分值
成员间沟通渠道顺畅	0.00	4.76	4.76	28.57	38.10	23.81	3.71
成员间经常进行学术思想交流	0.00	9.52	4.76	23.81	38.10	23.81	3.62
团队能提供各种学术交流机会	0.00	4.76	14.29	28.57	38.10	14.29	3.43
团队经常与国内外同行合作交流	0.00	9.52	14.29	33.33	23.81	19.05	3.29

由表4-15可知，中国运动与健康研究院在交流环境的某些方面做得很不错，但是还存在不足。例如，"团队经常与国内外同行合作交流"方面得分最低。科研院所内部资源往往缺乏有效联系，不同部门人员、资源之间容易形成学科壁垒，限制了不同专业间的人员流动、资源共享和学科交叉。团队还没有重视成员间进行学术思想交流的重要意义，尤其是缺乏和国内外同行的合作交流。从某个角度上来讲，无法更好地汲取外部营养。交流很重要，中国运动与健康研究院不但需加强内部成员间的学术思想交流，还要重视和国内外同行的合作交流。

（四）人文环境

由表4-16可知，在人文环境方面，"团队工作氛围愉悦轻松"以及"学术带头人有良好的战略眼光"得分最高，为3.90分，说明团队在工作氛围方面做得很好，良好的工作氛围对成员的工作具有十分重要的作用。团队对学术带头人的战略眼光评价较高，表示该科研团队拥有优秀的学术带头人，有利于提高科研团队的绩效水平，卓越的学术带头人犹如一面旗帜、一颗磁石，吸引众多优秀的科研人员紧密团结在其周围，形成一股强大的凝聚力，将成员的聪明才智发挥到极致，这对提高团队绩效无疑具有重大作用。学术带头人是科研团队的核心力量，对团队科研的创新起着至关重要的引领作用。拥有优秀的学术带头人是中国运动与健康研究院科研团队的一大优势。

从表4-16还能看出，团队成员具有强烈的价值认同感和浓厚的文化氛围。价值认同感是一个团队的凝聚力，是黏合剂，缺乏价值认同感的团队，也必然是缺乏凝聚力的团队，其工作效率必然是低下的，工作状态必然是散漫而无序的。每个人每天的大部分时光都在办公室里度过，长期与自己的领导、同事一起工作，拥有积极向上、和谐的气氛有利于团队工作的开展，提高工作效率。团队成员心情愉快，才会越喜欢自己的工作，喜欢自己的团队、喜欢这个集体。"团队重视为成员提供深造机会"得分一般。中国运动与健康研究院团队重视为成员提供深造机会，具有长远战略眼光，注重团队的久远发展。随着现代社会科技水平的发展与进步，新知识不断涌现，团队成员不能仅靠现有知识，必须不断学习，与时俱进，跟上时代步伐，这样才能不断创新，提高科研质量，为我国由体育大国向体育强国迈进做出自己的贡献。

表 4-16　科研团队创新环境——人文环境

题目 / 选项	0分 /%	1分 /%	2分 /%	3分 /%	4分 /%	5分 /%	分值
工作氛围愉悦轻松	0.00	4.76	4.76	14.29	47.62	28.57	3.90
学术带头人有良好的战略眼光	0.00	0.00	14.29	14.29	38.10	33.33	3.90
团队成员具有强烈的价值认同感	0.00	4.76	4.76	23.81	42.86	23.81	3.76
具有浓厚的文化氛围	0.00	4.76	0.00	33.33	47.62	14.29	3.67
团队重视为成员提供深造机会	0.00	9.52	14.29	23.81	33.33	19.05	3.38
团队经常开展业余文化活动	0.00	9.52	28.57	19.05	28.57	14.29	3.10

表4-16可知，中国运动与健康研究院科研团队在人文环境建设方面有待加强。对于一个团队来说，团队文化是很重要的。经调查发现，团队没有凝结出自己的团队文化——一种成员都认可的集体文化，一种很和谐、很融洽，学术民主、互敬互助、和谐关爱的文化。团队的高效运行离不开团队文化支持，团队文化能够为团队提供持续的精神动力。只有建立起团队文化，才有利于推动团队高效高水平运行，促进成员间密切协作，激发团队成员不竭的想象力和创造力。在良好文化的熏陶下，科研人员才能勇于创新、乐于创新、善于创新，不断提高科研能力，提高整个团队的绩效水平。适当放松有利于推动新一轮工作开展，业余文化活动的开展同时可以促进团队成员的交流，增加团队凝聚力。但该团队开展业余文化活动的得分也不高，在劳逸结合以及缓解团队成员工作压力方面没有太多有效措施。在团队价值核心打造方面也需要进一步提升，这样才能把团队成员紧紧地凝聚在一起。

（五）观念思维

中国运动与健康研究院科研团队在观念思维方面还存在一些缺陷，见表4-17。从表4-17我们可以清楚地看到，"团队具有前沿的研究方向"得分最高，其他比较一般。科研团队创新意识的提高、团队创新能力的发展，必须依靠团队成员发挥主观能动性。创新团队具有较前沿的研究方向、明确的科研目标，但科研团队成员的知识结构必须互补，否则难以形成多样化的知识结构体系；团队成员思维活跃性、学术新意方面还需要提升。团队成员只有具备强烈的创新意识和创新观念，才能创新出更多想法和热点。另外，紧紧依靠内部沟通交流是不够的，要学习借鉴各类优秀经验，积极向外拓展，形成开放性的团队管理模式。

表 4-17　科研团队创新环境——观念思维

题目/选项	0分/%	1分/%	2分/%	3分/%	4分/%	5分/%	分值
团队有前沿的研究方向	0.00	4.76	9.52	14.29	47.62	23.81	3.76
团队成员知识结构多样互补	0.00	4.76	4.76	33.33	38.10	19.05	3.62
团队讨论时成员思想活跃	0.00	4.76	14.29	23.81	33.33	23.81	3.57
团队成员经常会提出学术新意	0.00	4.76	9.52	33.33	33.33	19.05	3.52

（六）管理机制

管理对于一个科研团队具有不可或缺的作用，有效的管理要公平公正、民主和自由。各项管理制度、激励制度合理灵活，团队内部才能井然有序；如果管理松散，团队成员将不思进取。中国运动与健康研究院在管理机制的5个方面得分都偏低，由表4-18可知，科研团队创新环境的建设在管理机制方面有以下不足：首先，各种政策法规、法律制度、体制机制不够有效合理；其次，缺乏完备的创新机制，"有多样的创新评价体系"得分仅2.90，可见团队还没有建立起完备的创新激励机制和多样化的创新评价体系，不利于激励团队成员进行创新。关键点在于团队要按照成员个人业绩给予合理薪酬，否则不利于调动成员积极性，大家会认为业绩或多或少都不会影响到报酬，从而缺乏动力。另外，唯有建立合作互惠、共享共赢的工作氛围，团队凝聚力才能持续增强。

表 4-18　科研团队创新环境——管理机制

题目/选项	0分/%	1分/%	2分/%	3分/%	4分/%	5分/%	分值
团队管理民主、自由	0.00	0.00	9.52	42.86	33.33	14.29	3.52
管理制度健全，合理有效	0.00	4.76	0.00	38.10	57.14	0.00	3.48
有完备的创新机制，鼓励创新	0.00	9.52	19.05	33.33	33.33	4.76	3.05
有多样的创新评价体系	0.00	4.76	23.81	47.62	23.81	0.00	2.90
能根据个人业绩给予合理的绩效	9.52	9.52	14.29	38.10	28.57	0.00	2.67

（七）网络环境

信息化时代，通过网络获取信息资源全面、方便、快捷。充分利用网络可以节省时间，降低成本，获取高质量的信息资源。由表4-19可知，该团队网络条件最高得分仅为2.95分，数据分析处理平台、网站信息资源、公众号展示成果等分数更低，仅为2.14分、1.90分和1.38分。在互联网极度发达的今天，这个分数实在欠佳。可见学校没有为成员搭建良好的数字网络平台，无法帮助成员利用丰富的网络信息资源满足科研需求。如果网络信息方面持续落后，科研团队无法跟上时代的步伐。

表 4-19　科研团队创新环境——网络环境

题目 / 选项	0分 /%	1分 /%	2分 /%	3分 /%	4分 /%	5分 /%	分值
网络信息条件能够满足需求	9.52	9.52	14.29	23.81	28.57	14.29	2.95
有充足稳定的数据分析处理平台	23.81	19.05	9.52	23.81	14.29	9.52	2.14
有自己的网站，信息资源丰富	19.05	19.05	28.57	19.05	14.29	0.00	1.90
有自己的公众号，便于宣传展示成果	52.38	9.52	4.76	14.29	19.05	0.00	1.38

第四节　体育院所科研创新团队建设路径探索

一、改革人才引进机制和激励机制

（一）人才引进机制

随着科研水平的不断提高以及研究领域的不断扩展，实验室科研团队对人才引进的需求也日益增加。实验室科研团队可根据研究情况制订年度计划和阶段计划，在充分考虑团队学科结构、学历结构、年龄结构的基础上进行人才引进，针对不同层次的人才采取不同引进机制，不断充实团队中各级科研力量。人才引进要以团队各项要求为依据，充分考虑研发人员、管理人员、科技服务人员等各种类型人员的不同需求，有目的、有规划地进行人才配设，避免一人多岗、空岗缺人等现象，采取主动、积极、合理的人才优惠政策，集天下英才以用之。

（二）人才管理机制

实验室科研团队应对人才进行分类管理、动态管理、规范管理。针对不同岗位的人才设定不同的管理要求，充分考虑每个岗位的实际工作内容。制定灵活的人事政策，按需设岗、合同聘用。同时做到稳动结合，制定完善规范的管理制度，确保人才能进能出，具有明晰的上升渠道。另外，需要通过建立完善的管理考核机制，激发科研团队人才的内在动力和创新需要，在团队内部设立负责制，自上而下确立团队成员职责，实现团队管理最优化。

（三）人才培养机制

实验室科研团队应设立清晰完整的培训体系，以领军人才为核心，实现梯队式的人才培养模式。培训内容包括岗前学习清单和在岗培训进修。其中，岗前学习清单是科研团队针对所在实验室的研究内容、耗材设备制定的岗前基础培训，完成学习清单内容才可上岗。针对学科前沿研究和新引进设备应制订相应的全体学习计划。实验室内部定期进行实践交流，构建经验分享平台。派遣实验室人员外出进行科研进修和培训交流，提供多维度深造进修的渠道。

（四）人才评价机制

完善的机制既能够调动科研团队积极性，促进产出高水平科研成果，也能营造健康的创新生态，推动科技事业高质量发展。要构建科学合理的人才考核评价机制和创新评估制度，对科技成绩评估采取灵活多样的考核考评，并明确将创新能力作为最主要的考核内容，突出创新价值。在研究团队中大力倡导创新、鼓励创新，在各类学术活动中彰显创新，让创新在队伍中形成潮流，人人都以创新为荣，人人都向往创新。对于擅长进行基础性研发的人才进行评价时，可引进同行评估机制；对长年战斗在第一线、以应用型研发工作为主的研究人员，应该以用户和市场评价为主；对参与社会服务和技术成果转化的群体，需引入第三方评估机制。

二、增强团队活力和成果转出

（一）设立交叉学科团队

高端研究都是横跨多个部门和学科的合作项目，没有跨学科组合，就不可能突破核心技术，解决"卡脖子"难题。只有通过跨学科、跨领域的实践，才能不断碰撞出创新火花，攻坚克难。目前，国际上的新兴学科大多具有跨学科性质，因此设立交叉学科团队是符合学科规律和研究发展的。体育院所科研团队要有意识地发展跨学科科研团队，引领交叉学科团队在拓展实验室研究方向、提升应用基础研究创新能力、解决行业实际问题等方面都取得更大突破。跨学科研究也将拓宽体育科学研究范畴，促使体育研究更为多样化，打破传统体育科学研究的单一化，加强学科间的信息交流，实现不同学科间的知识资源共享，逐步形成学科间的合作范式，为科研团队创新性工作提供新平台。

（二）积极加入创新联合体

资源紧缺和闲置浪费并存的结构性矛盾使科研院所建设处于两难境地，需要对传统的专业实验室进行产学研一体化的改革。1999年6月，中共中央、国务院发布的《关于深化教育改革全面推进素质教育的决定》规定：高等教育实施素质教育，要加强产学研结合，大力推进高等学校和产业界以及科研院所的合作，鼓励有条件的高等学校建立科技企业。2021年版《中华人民共和国科技进步法》第三章第三十一条提出，"国家鼓励企业、科学技术研究开发机构、高等学校和其他组织建立优势互补、分工明确、成果共享、风险共担的合作机制，按照市场机制联合组建研究开发平台、技术创新联盟、创新联合体等，协同推进研究开发与科技成果转化，提高科技成果转移转化成效"。其中，"创新联合体"首次写入《中华人民共和国科技进步法》，成为"十四五"期间的重要任务之一。创新联合体是多主体联合攻关的一种组织模式，是由企业、高校、科研机构或其他组织机构构成的产学研合作组织，是一种任务型、体系化的创新组织。创新联合体主要是由领军企业主导，整合资源优势互补的高校、科研机构或其他公司。[①]因此，科研院所要积极探索国内外合作机制，参与创新联合体，互补优势、共享成果。

三、完善硬件设备和资源条件

硬件设备和资源条件在科研团队的创新过程中扮演着重要角色，贯穿于科研活动的整个过程。因此，在科研团队的发展过程中要争取更优质的硬件条件支持。首先，科研机构发展离不开先进的设备，要积极争取政府财政投入，争取企业资金支持，购置最新技术装备，搭建技术研究平台，改善科学研究基础条件，为创新团队提供优质服务。其次，加大经费投入，既要根据本科研团队的科研需要和多渠道申请经费，也要善于自行开发市场，拓展经费来源。再次，提供丰富的网络信息资源，建设多元的信息网络途径，推动科研团队提高科研能力，提升创新成果质量。最后，加快利用信息网络技术，推动科研手段向自动化、微型化、高技术化方向发展，调动团队成员的积极性。此外，还要建立属于团队自己的网站，配置丰富的信息资源，扩大信息容量，为团队成员提供优越的信息条

① 李辉．"创新联合体"是什么？怎么建？[J].华东科技，2022(5)：40-45.

件；建立计算机网络平台，加强团队各成员的信息交流，加强信息咨询工作，不断完善信息检索系统，增强成员的信息意识和能力。

四、注重创新观念和学术环境

更新观念是构建创新环境的关键环节。要更新观念，就要增强团队成员的创新意识，以服务国家战略的思路着眼团队建设；要丰富团队成员知识结构，促进团队成员知识结构多样化；要在思想观念、知识技能、研究视野等方面保持国际化的高度，培养团队成员的国际竞争意识；要激励团队成员进行开展学术创新，树立以人为本的科研理念，注重培养团队成员的人文精神和创新能力。另外，内外学术交流越是频繁、越是活跃的科研团队，其科研能力越强，科研成果越丰硕，绩效水平也越高。科研团队良好运行的最核心要素是学术交流机制，团队要强化交流合作，构建开放自由的学术交流环境。除定期举办高水平学术讲座，邀请国内外著名学者开展学术活动外，还要拓展与国外相关机构的实质性科研合作，加强信息共享，注重各种文化、科技的碰撞和融合，促使不同的创新思想得以彰显和升华，推动创新人才脱颖而出。

五、营造人文环境和价值认同

创新科研人才的培养需要民主自由的管理环境。科研院所要完善团队管理，完备创新激励机制，建立多样化的创新评价体系，推动团队创新。科研资助、科技奖励、知识产权分配制度等都是影响创新绩效的重要因素。根据团队实际情况，制定灵活的管理制度、激励机制，尤其要根据成员个人业绩给予物质和精神层面的双项鼓励，形成有利于团队成员自由表现的激励性环境。通过营造良好的文化氛围，开展丰富多彩的团队建设活动，培养团队成员的价值认同感。在实验设施和硬件环境基本完备的情况下，科学研究最需要的是团队成员学术上的自由思考空间以及充分的团队交流。营造宽松、活跃和激奋的人文环境能够有效提升团队整体的创造力。

凝聚力是科研团队的灵魂，是保证团队存在与发展的基础和必要条件。如果团队所有成员都具有强烈的价值认同感，则必然会产生强大的向心力和凝聚力。有强烈价值认同感的团队工作效率更高效，工作更有序，团队成员彼此信任、相互协作，团队的整体绩效水平更高，工作环境也更为和谐。

第五章 技术研究平台成果转化

第一节 科技成果转化及标准化相关概念和理论

一、相关概念

（一）科技成果

《中华人民共和国促进科技成果转化法》对科技成果的定义是"通过科学研究与技术开发所产生的具有实用价值的成果"。科技成果是通过科学立项，经过研究分析，研究出一些对学术界具有意义的以及对社会存在价值的事物，该新型成果对社会发展有着重要影响。科技成果具有一定先进性、新颖性、创新性等特点，是科学技术活动中产生的具有学术价值和使用价值的成果，包含基础理论研究成果、应用研究成果、软科学研究成果，能够带来经济效益和社会效益，并需要以一定的形式确认。[1]

（二）体育科技成果

体育科技成果是我国科技成果的重要组成部分。陈洪认为，体育科技成果分为宏观和微观两个层面。凡是与促进体育发展有关的科学技术成果均属于宏观体育科技成果的范畴，微观层面的体育科技成果指直接参与促进体育发展，开创并

---

① 周倩倩 . 长江经济带高校科技成果转化效率及空间效应研究 [D]. 武汉：中国地质大学，2022.

形成新的研究领域与实践技术的体育特色成果。[①] 体育科技有 4 种分类形式：一是按成果所属研究层次，分为基础型成果、应用型成果和开发型成果；二是按成果所属学科性质，分为自然科学成果和社会科学成果；三是按福利经济学，分为公益性成果和商业性成果；四是按成果服务领域，分为群众体育科技成果、竞技体育科技成果、体育产业科技成果和综合型体育科技成果等。

（三）科技成果转化

《中华人民共和国促进科技成果转化法》对科技成果转化的定义是"为提高生产力水平而对科技成果所进行的后续试验、开发、应用、推广直至形成新技术、新工艺、新材料、新产品，发展新产业等活动"。广义的科技成果转化指一定时期的实践主体依据科学知识和技术能力，对科技的创新、经济的发展、社会的进步有巨大作用，以及对人民的生活或生产有重大意义的所有活动的总和。狭义的科技成果转化指将应用型研究成果通过不断实践、研究和总结，最终形成新产品、新形态和新技术，从而转变成实际生产力，对民众生活水平提高、社会进步发展起到促进作用的活动，最终转化成一种具体产品或服务。

（四）体育科技成果转化

体育科技成果转化是指为促进体育事业和体育产业发展，对在体育科研攻关与科技服务等相关实践过程中所产生的具有实用价值的科技成果所进行的推广应用及产业化等方面的活动。[②]

（五）科技成果转化为技术标准

科技成果与技术标准之间具有相互促进的作用，技术创新能够促进技术标准产生，先进的技术标准能支撑和带动技术创新，而滞后的技术标准会抑制技术创新。科技成果迅速转化为技术标准能够促使科技成果转变为社会生产力，促使科技成果实现增值，助力产业结构调整，提高国家核心竞争力。科技成果转化为技术标准包括从科技成果形成开始到形成基于该成果的标准的一系列活动，跨越了科技和标准化两个系统。[③]

---

① 陈洪 . 我国体育科技成果转化的领域、路径与保障机制 [J]. 科技管理研究，2013，33(13): 150-153.
② 陈洪 . 我国体育科技成果转化的模式与制度安排 [J]. 西安体育学院学报，2013，30（1）: 22-25, 61.
③ 任向阳，科技成果转化为技术标准的模式选择与机制设计研究 [D]. 北京：中国矿业大学（北京），2014.

（六）技术研究平台标准化建设

强化标准化方法在科技成果转化领域中的应用，可以发挥标准统一、协调、规范等功能，对体育科技事业发展具有重要意义。构建技术研究平台标准化体系，有利于实现政府规制与社会自治，使政府对于平台服务职责的履行更加专注、有效，使社会资源得到广泛开发，调动市场、社会的积极性，使技术研究平台取得更大效益。技术研究平台标准化建设包括基本规范、术语、服务标准、指南等，也包括流程标准化、数据标准化、质量管理标准化及技术标准化，通过标准化平台运作，能够有效促进全民健康，实现运动促进健康技术及服务资源与社会健康需求之间的有效对接。

二、理论基础

（一）竞争优势理论

竞争优势理论是由迈克尔·波特在比较优势基础上提出的概念。波特还提出，自然资源禀赋差异是潜在的比较优势，是各国有利资源的表现；而竞争优势是国际贸易格局中的现实状态，是在比较优势的基础上由多种要素综合作用的结果。波特提出的3种战略包括总成本领先战略、差异化战略、专一化战略。[①]这些战略思想在不同企业的收益并不同，不论选择哪一种战略，都需要企业妥当安排，全力以赴。波特还提出了著名的国际竞争优势模型，即钻石模型，钻石模型的决定因素包括企业战略结构竞争、相关支持行业、生产和需求要素，外部力量分为机会要素和政府要素。

（二）资源配置理论

资源稀缺性的特点决定了经济社会往往需要采用某种方法来将有限的自然资源合理安排在不同领域，以便达到资源的最优化利用。也就是运用最小的资源消耗制造出商品及劳务，从而获得最佳效益。资源配置中必须首先顾及资源配置效率，即资源利用效率。具体而言，就是社会现行资源配置方式对社会需求的满足程度，也是资源能够达到的社会效应水平。资源配置效率能够直接反映需求满足

---

① 波特.竞争优势［M］.陈小悦，译.北京：华夏出版社，1997.

程度及其与所消耗资源的对比关系。经过多年发展，不同学派纷纷提出各自的资源配置理论。

资源配置理论对高等教育资源配置有很大启示。高等教育资源具有稀缺性，为了保证其获得合理的分配，需要遵照资源配置理论。资源配置既要重视市场的主导性作用，又要注重发挥政府的调控作用，解决好市场失灵问题。

（三）公共品理论

公共品也称公共商品、公共物品或公共产品，是经济学中广泛使用的概念，也是公共财政的基础理论之一。美国经济学家萨缪尔森率先对公共品做出定义，指出纯公共品是每个人消费这样的物品均不会导致别人对该产品的消费减少。公共品与私人品可通过"非竞争性"和"非排他性"两个指标判别。一个物品如果不具备"非竞争性"和"非排他性"，则属于纯粹的私人品，两者都具备的才是纯公共品，具有两者之一的属于准公共品或混合品。实际经济生活中，处于私人品与公共品之间的产品和劳务较多；准公共品兼具私人品和公共品的特征，可以由个别消费者占有，独享其使用价值，同时它能够对他人或其他企业产生利益或损害。

第二节 国内外科技成果转化及经验

一、国外科技成果转化及经验

（一）各国科技成果转化经验

美国积极为科技成果转化提供立法保障，其知识产权保护制度使美国在新兴研究领域中保持极大的竞争优势，其科技园、工业园体系有效地推动了科技成果转化，并促进科技与经济协同发展。德国的科技成就得益于丰富的基础科研成果、完备的教育体制、科研与生产的紧密结合以及与工程紧密结合的高等职业技术教育，科技成果转化是德国科技腾飞的重要助推器。德国设立了多种形式的产业技术创新联盟，积极构建产学研一体化链条，不断加速创新知识的产品转化。①日本在政府主导下采取促进官、产、学结合的政策。通过加大投入以及各种直接、间接的资金援助，促进国家对科技活动的投入，特别是加大对基础研究领域的投入；然后通过政策干预，引导政府研究机构（官）、民间企业（产）、大学（学）之间的沟通、交流与合作。英国通过建立大学科技园、技术转化创新平台等中介科技机构来推动科技成果转化。

万金荣曾选择美国、日本、英国、韩国、加拿大和我国台湾地区开展研究，总结出这些国家和地区的优势，指出适应市场需求是实现科技成果产业化的基础。产学研合作是科技成果产业化的主要形式，科技园建设能够为科技成果产业化营造良好环境。政府宏观调控是科技成果产业化顺利实施的重要保障。要重视专利法机制的建设与实施，以及中介机构在科技成果产业化中的重要作用；要完善风险资本市场，为科技成果产业化提供资金保证；人才扩散是科技成果产业化有效途径，要完善产业化服务体系。②

我国在科技成果转化领域已有40年的发展历史，并通过借鉴国外先进经验，不断探索符合我国国情的科技成果转化机制，逐步建立起知识产权保护法律、科研创新激励机制和产学研体系等。③

（二）体育科技成果转化

美国鼓励科研机构面向实践，与企业、产业建立联系，企业研究机构是应用型体育科技成果的重要来源，企业为获得全球竞争优势而开展多种形式的科技创新活动，如美国职业俱乐部、职业球员多能以科研形式获得企业或体育科技机构资助。美国奥委会科研机构积极与高校研究机构共同承担科研项目，研究目标直接对接重大比赛服务，研究结果直接用于运动训练实践；体育科研机构也能比较方便地通过各类基金或风险投资获得产业化开发资助。德国奥林匹克联合会在体育资源配置上起主导作用，设立了众多培训、科研及基金部门，如科隆体育大学教练员学院、德国运动训练科学研究所、德国体育事业发展研究所、德国奥林匹克学院、德国反兴奋剂基金会等。德国宪法规定州政府为体育工作提供资助和服务。高水平运动队科技服务工作由科研机构或高校承担，政府负责经费资助；大

---

① 孙琴，刘瑾，厉娜，等．国内外科技成果转化的做法与经验及其启示 [J]．中国科技信息，2016 (22)：90–92.
② 万金荣．中国科技成果产业化问题研究 [D]．哈尔滨：东北林业大学，2006.
③ 周倩倩．长江经济带高校科技成果转化效率及空间效应研究 [D]．武汉：中国地质大学，2022.

众体育及体育产业科技工作则由教育机构或企业研究机构承担，经费来自产业开发收入或地方资助。日本体育科研机构主要集中在学校，体育科研与民间赞助关系密切，产业化运作畅通。日本官产学联合体是体育科技成果转化的重要形式，社会体育指导员体系是普及体育科技成果的重要渠道。[①]

（三）经验分析

首先，政府重视基础研究并给予资助。美国、德国均把基础研究作为关系国家发展的重大战略予以优先资助，并通过公共基础理论平台加快基础研究传播，鼓励科技中介机构为科技活动提供咨询与服务。

其次，构建科技成果转化服务体系，通过公共服务和民营服务两大体系推动成果转化。在知识产权保护制度的支持下，美国科技成果转化有良好的融资渠道和信息条件；欧洲模式更加注重对基础研究的支持；日本模式由政府直接引导并提供服务，由专门的成果转化机构积极获取高校研究成果并实现专利化，同时对专利进行市场评价，在市场调查的基础上为企业提供信息和技术转让服务。[②]

再次，发挥企业在科技成果转化中的主体作用。研究任务由企业负责提供研究经费，高校体育科学研究机构负责完成研究工作，科研成果形成知识产权，由企业承担开发任务并分享收益。

最后，政府提供科技成果转化的法律及制度。在市场中，由于科技成果转化的不同主体决策分散，较难形成合作，需要政府出台有效政策，加强转化主体之间的信息沟通，协调利益双方关系，促进主体之间的合作。美国通过完备的市场体系，以专利法等制度来协调各主题之间的关系。日本则通过科技促进法律、体育科技振兴法等制度促进体育科技成果转化。[①]

二、国内科技成果转化及经验

（一）科技成果转化的经典模式

马锋通过对不同模式的综合分析，总结出我国的 3 种科技成果转化模式：一是中介模式，通过中介机构为成果转化各阶段和利益相关者建立桥梁，降低转化

① 赵道静 . 我国体育科技成果转化机制研究 [D]. 武汉：武汉体育学院，2014.
② 孙琴，刘瑾，厉娜，等 . 国内外科技成果转化的做法与经验及其启示 [J]. 中国科技信息 . 2016 (22): 90-92

成本，提升转化效率；二是孵化模式，通过企业孵化器为科技型企业提供物理空间、基础设施及孵化服务；三是合作转化模式，研究机构与企业利益共享、风险共担，研究所负责技术研发，企业负责市场开发。该模式可能获益，也可能面临转化失败、股权稀释、信用风险等多种问题。[①]

（二）科技成果转化为技术标准

科技成果是技术标准产生的源头，科技创新能够保证标准的先进性，标准是助力科技成果产业化的桥梁和纽带。通过研制标准，能够快速推广成果，确保创新技术大范围应用。科技成果尽快转化为技术标准，能够使科技成果迅速转化为现实生产力，实现科技成果增值。[②]《科技平台标准化工作指南》（GB/Z 30525—2014）指出，科技平台建设应遵循"科学性、系统性、协调性和开放性"原则，构建资源集聚、功能协同、运行开放、机制创新和载体多样的技术平台非常重要，科技平台标准化是复杂的系统工程，涉及标准、科技、管理、信息、统计等领域，通过科技平台的体系标准化、数据标准化和评价标准化，能够实现科技资源利用率、价值和成果转化率的最大化[③]。

（三）实践探索与启示

在科技成果转化改革试点中，北京中关村地区积极探索产学研结合的开放式自主创新模式，既是市场导向与政府扶持结合的模式，又是一种以高校、科研机构为原动力的内生型发展模式，还是以科技型企业为创新主体，通过运用信息技术、管理技术对各种生产要素和生产方式进行选择、集成和优化，以知识经济引领经济增长的模式。上海张江高科技园区的孵化器模式，构筑了"预孵化器+孵化器+加速器"三位一体的全程孵化体系，形成由企业和政府共同搭建的多元化运作、多功能孵化的协作网络增值服务平台。武汉东湖高新区通过《东湖国家自主创新示范区条例》，支持武汉高校成立技术转移转化机构，实施科技成果转化股权激励政策和技术经纪人制度，通过出台人才激励政策，培育人才服务环境，同时完善金融配套服务体系，积极培育多层次、全方位的资本市场，促进科技成

① 马锋.中国科学院科技成果转化中国有资产管理问题研究 [D].合肥：中国科学技术大学，2019.
② 高京、王德成、李海斌，等.科技成果转化为技术标准发展现状与典型路径 [J].科技管理研究，2020，40（8）：185-190.
③ 徐迪威、张颖.中国地方科技平台标准化研究 [J].科技管理研究，2016，36(16): 74-78.

果资本化、产业化。西安光机所打造四位一体的科技成果转化模式，引进科技创业领军人才，解决好人才和技术问题，建立多元化资金支撑体系，解决创业初期资本短缺问题，创建集多种贴身服务于一体的孵化器，为创新创业项目快速健康发展提供财务、法务、人力资源、知识产权、行政、物业、workshop"6+1"等贴身服务，强化科技与金融、服务、培训融合，研究机构与社会融合。[①]

上述改革理论与实践为我们提供了以下启示：一是改革政府科技成果转化政策体系，以政策保障推进政府体制改革，特别注意要形成涵盖科技转化与成果转移全过程、全流程的政策制度，打破成果转化障碍。二是改革收益分配制度，通过政策激励，调动科研院所转化科技成果的积极性。三是在人才培养评估领域主动与国际接轨，重视创新的产业化开发，激发科研人员的创新主动性。四是加强与市场对接，促使产学研形成合力。科研事业单位要敢于融科研开发、制造业务为一体，让高新技术积极参与市场运作。五是打造技术中介服务体系，建立科技成果转化链条。六要注重发挥金融创新驱动作用，提供多元化、多层次和多渠道的科技投融资体系。

第三节　我国体育系统实验室科技成果转化现状及存在的问题

一、我国体育系统实验室科技成果转化现状

科技成果转化是科技与体育实践结合的最好形式，要使科技成果变成现实的生产力，就需要体育科技工作者与运动实践工作者共同努力，创造有利于成果转化的环境条件、加快成果转化的步伐，为解决体育事业发展中的难点、热点、重点问题做出贡献。

第二章的调查显示，技术研究平台能够保持定位准确、目标清晰，持续围绕几个重点目标攻坚克难，持续产出重大成果。科研人员虽然能够深入一线，着力解决全民健身关键技术和难点，但自我评价时均认为科技成果转化方面存在的问题最多，没有很好地围绕全民健身去解决现实问题。赵道静曾研究国家体育总局部分单位体育科学技术成果情况，发现体育系统成果应用比重远远不及同期科技

---

① 孙琴，刘瑾，厉娜，等. 国内外科技成果转化的做法与经验及其启示 [J]. 中国科技信息，2016 (22): 90-92.

成果应用率。竞技体育运动的应用比重最大，其次为体育产业类研究成果的应用比重，而大众体育对科技成果的应用比重最低。[①]科研与实际需求脱钩是体育科研院所现阶段面临的一个较为突出的问题，因此如何促进科技成果转化，真正服务体育事业，还需要加大改革创新力度。

二、我国体育系统实验室科技成果转化存在的主要问题

体育科研院所科技成果转化方面存在自主创新不够、孵化集成不足、激励政策不到位、金融配套不健全等问题，其核心问题涉及以下3个方面。

（一）不善于对接市场

科技成果最关键的机制是面向市场解决实际问题，事业单位偏向于用科研经费、发表论文数量、获得奖励程度来衡量科技成果，较少考虑市场需求。科技成果有偿转让、成果转让收益的合理分成等都要按照市场规律办事，但体育科研院所更多地重视体制内的运作机制，不按市场规律运行，相应的激励政策、资金保障、企业孵化等不到位，难以使科研人员重视科技成果转化。

（二）缺乏良好的成果转化保障条件

科技成果转化需要良好的技术市场，需要科技成果供需双方在特定环境下完成转化。成果提供方必须以市场为导向提供高质量的技术成果，成果需求方需要给予成果提供方合理的报酬，相关的科技政策、知识产权法规、国有资产管理、科技激励机制等对科技成果转化具有很大的影响。体育科研院所往往是事业单位运作方式，成果转化相关的孵化器、科技园区、中试基地以及企业、资本方、金融机构、职业经理人等难以提供，无法为科技成果转化提供充分的信息、充足的资源和周全的保障条件。缺乏科技成果转化运行机制，无法提高科技资源的利用率，难以发挥技术研究平台对体育事业发展的支撑作用。

（三）科技成果无法实现良好收益

科技成果对企业没有吸引力将严重影响成果转化收益，科研人员热衷于申请国家科研项目，大量的基础研究很难对接社会需求，若研究的出发点没有考虑社

会需求，其成果也不可能得到企业的青睐。另外，即使成果满足社会需求，但在商业获利中，由于缺少市场谈判和交易的经验，缺乏中介机构协助，科技成果很难产生高价值。

三、影响我国体育系统科技成果转化的原因分析

体育科研院所科技成果转化低的原因是多方面的。

（一）科技成果转化机制不健全

科技成果转化不同于普通的商品交易，在复杂的交易环节中，如果科研成果、资金、技术组织、市场需求、制度环境等各项资源配合不到位，将影响科技成果在市场中的正常交易。体育科研机构没有完善的科研成果转化运行机制，使得其科技成果推广途径不畅通。

（二）政策保障条件不到位

政策条件也是科研成果最终商业化、产业化的关键因素，知识产权维权途径不畅通、维权成本高，以及科学奖励手段缺失都将导致高校与企业不愿意开展基础性研究或技术创新，这非但无益于高校自主创新能力的提升，更造成有效发明专利的减少，也抑制了科技成果的转化。[1]政府部门既要在组织科研课题鉴定、评审等方面大力支持，又要在科技成果转化机制、市场对接方面加大力度。应尽快建立科研人员科技成果转化激励机制、与市场应用价值对接的评价机制、技术研究平台与企业间的成果共享机制、鼓励科研人员创新创业的促进机制等。

（三）缺乏风险转移机制

科技成果转化过程中将面临众多风险，这些风险不能由科研人员承担。体育院所往往没有风险管理机制，无法减少科研人员的投资风险。目前，大多数科研机构仍未能构建起一个能分散和转移成果转化进程中风险的激励机制，极大地约束了科学技术成果的转化进程。[1]

（四）科技成果转化资金不足

体育科研院所的经费有限，专项转化资金不足、资本筹措能力弱是我国体育

① 赵道静.我国体育科技成果转化机制研究 [D].武汉体育学院，2014.

科研院所普遍存在的问题。科技成果转化依赖于有效的孵化，需要配套小试和中试基地等，还需要科技投融资体系的驱动，尤其要有科技中介服务体系对接市场或企业，这样才能有效推动转化。目前体育科研院所还没有搭建起集科研开发、生产销售于一体的转化平台，无法使产学研形成合力。

第四节　推进体育类实验室科技成果转化的策略

科技成果转化既是文化体育事业发展的需要，也是社会发展的需要，借鉴国内外科技成果转化的经验，可采用如下策略共同推进体育类实验室科技成果转化。

一、引导科技成果聚焦市场需求

制约科技成果转化的关键因素是实验室成果与产业和市场实际脱节，体育类科研院所需要重点解决好脱节问题。科研院所必须主动开展市场化运作，科研人员的研究领域和方向要更加贴近市场需求，要以市场为导向调整科研方向，同时在科学研究的过程中要不断以市场需求来进行评估，避免脱离实际；科研成果产出后也要进行评估，要从科研成果满足市场化、商业化需求的角度综合评价。因此，体育系统科技工作者需要主动深入基层，走进运动队、走进社区、走进企业，要让科技成果真正服务于社会需求。例如，北京市科协通过组建创新联合体、建设院士专家工作站、开展科技套餐配送工程等方式，对接科技服务供给和产业需求，打通科技服务"毛细血管"的难点、堵点，把创新要素送到企业、农户的生产一线。不深入一线，就不可能研究破解基层难题。只有主动对接企业，才能为有需求的企业提供需求分析、项目推荐、精准对接、成果评价、应用场景挖掘等一系列科技服务。[1]

二、发挥政府导向和助推作用

科技成果转化是一个系统工程，除需要优势的人、财、物资源条件外，更需要政府的助力。《中华人民共和国科技进步法》要求"国家鼓励企业、科学技术研究开发机构、高等学校和其他组织建立优势互补、分工明确、成果共享、风险

---

① 郎静.打通科技服务的"毛细血管""千人进千企"助高新企业解难题[EB/OL].（2022-07-14）[2024-01-01].http://hdzx.bjhd.gov.cn/2019/zxyx/szxw/202207/t20220714_4542532.shtml

共担的合作机制，按照市场机制联合组建研究开发平台、技术创新联盟、创新联合体等，协同推进研究开发与科技成果转化，提高科技成果转移转化成效"。但是，各成员间怎样有效协作、怎样进行优势资源互补、怎样明确分工、怎样共享利益、如何共担风险等，都需要政府在其中发挥主导作用。合理和完善的产学研合作对于提高科技成果转化尤为重要，政府牵头将发挥重大导向和助推作用。上海市政府在企业和高校、科研院所之间当牵线"红娘"，承担科技成果无偿转化"中介机构"的职能。上海还设立产学研奖，每年评选一次，从2009年至2021年共计139个项目获奖，涉及企业142家、高校28所、科研院所14家。可见，针对当前我国产学研合作的情况，政府应该尽快对产学研政策进行整理和优化，使我国产学研政策成为权威性的产学研合作促进条例；并加大政策执行力度，确保政策落到实处，进而强化产学研合作在科技成果转化中的地位。政府还需要积极搭建平台，科技成果展览、技术推介会、孵化器、科技园等都是有效的转化平台。

三、编制合理政策强化激励作用

政府政策的指导与扶持将对产学研协同与科技成果转化带来直接作用，只有建立促进成果转化的完善政策环境，制定配套的成果转化措施、财政政策、投融资政策、激励政策等，才能从法治角度为科技成果转化提供坚强保障。我国各行业科技成果转化的现状表明，政策支持对提升转化率至关重要。例如，2015年8月29日修订通过的《中华人民共和国促进科技成果转化法》，一定程度上推动了科技成果转化工作的不断进步。当然，还要进一步细化配套政策，要结合体育科研院所的实际情况，及时修订完善现有政策。为完善科技金融服务体系，激发科技成果转化主体的创新动力，上海市发布《上海市促进科技成果转移转化行动方案（2021—2023年）》，强调增强金融资本支撑，为成果转化输入资本动力，解决科技成果转化过程中的各种问题。因此，政府有责任加强制度建设，从根本上解决制约发展的问题，营造良好的成果转化环境。

完善的政府激励机制有助于培育科学创新意识，营造良好的创新氛围，提高产学研合作水平，促进科技成果转化。激励与约束政策在技术成果转化工作中能够发挥重要引导作用，其核心是改变科研院所评价体系，将科技成果转化的技术转让、技术服务和创新创业作为重要评价指标，通过评价导向的改变，使实验室科研人员的科学研究行为更加偏向实际需求，更加以解决实际问题为重点。

　　同时，要改革政府职称评定、考核评优等绩效评估体系，构建科技成果转化业绩评价制度，引导有条件的科研机构把新技术成果事后转化奖励转变为事前知识产权激励。科研团队在研究成果申请专利后，可以向单位提出协商确权，与本单位成为专利共同权利人。对科技成果做出重大贡献的主要完成人可以依法授予收益分配报酬，也可以委托本单位具有经营资格的机构采取代持方式，获得股份或出资比例等股权奖励。完善的政策、制度、流程体系在推进体育类实验室科研成果转化方面是必不可少的。①

四、配备专业团队并合理利用中介机构

　　科技成果转化需要专业的流程，必须由高素质的复合型团队构成，要涵盖市场、经济、开发、融资、评估等领域的管理经验，而普通科研人员在技术交易及知识产权保护中缺乏经验，因此必须配备专业的团队和机构。科研院所内设的科研处、科技合作处、成果转化办公室等，需要包含科技成果转化和知识产权管理职能，要有负责科技成果转化和产业化工作的专业人才，通过与社会科技服务中介机构的协作，共同推动科技成果尽快有效转化。专门的科技成果转化和知识产权管理机构，是实施科技成果转化的重要保障。科技中介服务是帮助打通科研院所和市场之间障碍的重要力量，能够提供成果转化政策咨询、产学研资源整合、科研院所协同合作等各种服务，帮助科研院所的技术成果尽快转入市场，推进科技和经济的融合发展。由中介机构采取多种方式与外界开展合作，建立科研院所与企业之间合作的桥梁，能够加快实施成果转化。

五、调动和发挥科技企业优势

　　企业作为产学研合作的一个重要主体，应该更加积极主动地加强与普通高校的产学研合作，不断将普通高校的基础研究和科研成果转化为生产力，从而提高我国科技成果转化的绩效。②如果仅是科研人员自己成立运营公司，往往因为经验缺乏、专业不对口，很难取得好的效果。因此专业人员做专业的事情，科研人员重在技术领域的研发创新，科技企业重在成果对接市场。科技企业需要主

①　赵道静.我国体育科技成果转化机制研究 [D].武汉：武汉体育学院，2014.
②　姜美芬.产学研政策、产学研合作与高校科技成果转化——基于断点回归的分析 [D].杭州：浙江理工大学，2019.

动为科技成果转化提供优质的服务机制，主动将科研成果通过自身创新能力和优势，结合资本、人才、政策等多方面资源，结合市场变化进行科研成果的二次创新，进一步提高市场竞争能力。由科技企业来运营科技成果能够解决科研人员办企业存在的启动资金不足、风险率高等困境。同时，要鼓励企业加大对科研院所的经费投入。有研究表明，企业科研经费更有利于提高产学研合作水平，能够更好地促进科技成果转化效果。建议政府通过优惠政策鼓励企业对科研院所的经费投入，更好促进我国科技成果转化。科研院所也要主动沟通，提高产学研合作的水平。

六、提供充足的专项经费支持

充足的研究经费是体育类实验室科技成果转化的根本前提，高水平科技成果来自大量的基础性研究，研究经费将确保研究工作顺利开展，也能减轻科研人员的经费压力。政府部门对核心技术、关键技术要优先解决，也可以出台优惠政策，减免或补贴科技成果转化费用。政府部门要加大揭榜挂帅资金的投入，引导科研院所开展核心技术攻关，加大研发在重点产业领域实现突破，加快形成自主知识产权和核心竞争力。科研院所内部可设立交叉学科基金、新兴学科学术基金等各类研究基金，鼓励科研人员积极申请。虽然经费主要源自政府拨款，科研院所还要多渠道争取经费，除了尽量争取财政经费外，还要积极整合有市场价值的研究成果，广泛接洽知名企业或有实力的公司，加强投融资活动。同时要注重经费管理的专业化，重视经费使用的监督检查。

七、强化官产学研商合作体系

从科技成果转化总体上看，技术创新的主体是企业，基础研究的主体是科研院所，基础研究和技术创新紧密配合是促进科技成果转化的重要因素，即产学研合作与科技成果转化之间的关系密不可分。良好的产学研合作机制对促进科技成果转化有巨大的推动作用。政府要致力于鼓励企业和科研院所间开展"官产学研商"合作。2022年7月，香港首个跨境官产学研共建、专注服务创科人才的非营利性教育机构——香港创科教育中心在香港科学园揭牌成立。该中心将通过与大学、园区等人才供需方强强联手，整合各自最优质的创科培育资源，共建共享课程认证体系并推动联合认证学分，助推创业者发展与大学科研成果转化，实现共创共赢；更会在大湾区成立"大湾区科创学院"体系，依托大湾区完备的供应链与更广阔的市场快速提升学生产品落地能力，打通创科人才培养全链条，落实港深科创协同，助推香港创科人才扎根大湾区，走向全世界。科研机构要与当地政府开展充分、持久、稳定的协作，要积极作为，采取相互兼职、共同承接重大项目、共建实验室、合作技术服务等方式强化与企业、科研机构的联合协作，可利用共建高校科技园、留学人员创业园等方法，使产学研三者的科技创新资源有效整合，优势互补。

八、用标准化机制助推科技成果转化

《中华人民共和国促进科技成果转化法》提出"国家加强标准制定工作，对新技术、新工艺、新材料、新产品依法及时制定国家标准、行业标准，积极参与国际标准的制定，推动先进适用技术推广和应用"。《深化科技体制改革实施方案》提出，"推动修订标准化法，强化标准化促进科技成果转化应用的作用"。要"健全科技与标准化互动支撑机制，制定以科技提升技术标准水平、以技术标准促进技术成果转化应用的措施"。标准是科技成果的一种重要表现形式，同时是促进科技成果转化为生产力的桥梁和纽带，更是产业和地区参与国内外竞争的重要手段之一，对国家经济发展、社会进步有重要的基础支撑作用，已成为科技成果转化为生产力的一种有效模式。[1]

政府应出台鼓励科技成果转化为标准的政策文件，提高科研人员开展标准转化的意识，应把编制标准纳入职称评审、评优评奖。科研院所要建立配套机制，开展标准知识培训，搭建资源平台，推动科研成果转化为技术标准的一体化服务。

---

① 郑鹰.科技成果转化为技术标准对策研究 [J].标准科学，2017（12）：80-83.

第六章 技术研究平台建设标准及运行机制

第一节 技术研究平台标准化建设基本概念

一、国内外研究概述

身体活动不足已成为21世纪最大的公共卫生问题[1]，通过运动促进健康已成为全球范围内的共识，在相关科研和政策制定方面均得到快速发展[2]。

在科研方面，1953年Jeremy N.Morris在《柳叶刀》发表体力活动与心血管疾病相关的流行病学研究，开启了体力活动与慢性病防治研究的先河。1989年Steven N.Blair教授应用流行病学的方法进行多年纵向跟踪，探究体力活动水平与全因死亡率、心血管疾病死亡率的关系，文章发表在《美国医学会杂志》上，具有里程碑式的意义。人们逐渐意识到身体活动不足，能量摄入大于消耗导致能量失衡是肥胖及慢性病发生的主要根源。[2]此后，体力活动与心血管疾病相关的研究不断增加，通过大量流行病学、临床研究和基础科学研究，证明运动能够有效延缓动脉粥样硬化性心血管疾病的发生，并降低冠心病发生率。

在政策制定方面，1974年加拿大政府发布《加拿大健康新展望》报告，对疾病预防、健康促进领域做出明确界定，重点论述了"生活方式"及运动的重要性。美国卫生总署发布的《健康人民：关于总署健康促进与疾病预防的报告》呼

---

① BLAIR S N. Physical Inactivity: The Biggest Public Health Problem of the 21st Century[J]. Br J Sports Med, 2009, 43（1）: 1-2.
② 邱俊强，陈演，谢妍，冯琳，罗丹，赵文华. 运动促进健康：基于能量平衡理论的回顾与展望 [J]. 北京体育大学学报，2021，44(5): 2-20.

呼人们注意生活方式对疾病风险的显著影响。美国从1980年开始将运动纳入健康管理体系之中，实施10年为一个周期的《健康公民计划》（Healthy People）。我国健康危机的出现虽然比欧美发达国家晚70年左右，但后来居上。我国1995年颁布《全民健身计划纲要》，2016年颁布《"健康中国2030"规划纲要》，强调加强体医融合和非医疗健康干预，积极推动体医结合的疾病管理与健康服务模式。2019年6月《国务院关于实施健康中国行动的意见》针对心脑血管疾病、癌症、慢性呼吸系统疾病、糖尿病四类重大慢性病开展防治行动，《健康中国行动组织实施和考核方案》《健康中国行动（2019—2030年）》等都为全民健康提供着全面指导。如今，运动促进健康的理念已被广为接受，各国陆续发布推进民众健康的指导性文件，作为本国运动促进健康的指南。

为达到医学治疗与运动锻炼的完美结合，需要对运动促进健康过程实行量化控制，从基础研究到管理、实施进行全方位的创新与构建。美国作为运动促进健康的先行者，经过30多年发展，已在《健康公民计划》实施的基础上构建起医疗卫生服务与体育健身服务一体的运动促进健康指导服务平台，倡导"医体结合"理念，为大众科学健身、慢性病预防起到了保驾护航的作用。2007年美国运动医学学会和美国医学会共同发起以增加体力活动和运动促进健康为核心的"运动是良医"（Exercise is Medicine，EIM）项目，目的是通过增加体力活动促进全民健康、预防慢性疾病，鼓励医生把运动处方作为一项慢性病治疗方案，该项目已进入美国医疗系统。欧洲体育运动创新平台（European Platform for Sport Innovation，EPSI）是专注于欧洲体育运动、休闲和健康相关体育活动领域创新的非营利性网络型组织，为激发技术创新和构建创新型技术活动，EPSI致力于为欧盟体育运动产业提供友好的创新环境，为体育运动、产业实体和科研机构等多方主体搭建联通机制和平台[1]。

发达国家相关平台的运营发展为构建我国运动促进健康技术平台提供了先进经验，结合我国当前体卫融合的趋势，破解体卫融合过程中的困境，构建既有围绕运动促进健康个性化精准指导方案技术研究的实验室、仪器设备等硬件系统，又有平台建设技术、规则、管理、信息、理念等软件环境的技术研究平台，具有

① 邱洪华. 欧洲体育运动创新平台建设的经验及其对中国的启示 [J]. 西安体育学院学报，2021，38(1): 17–22.

显著的实践意义。

二、我国体育标准化体系建设的基本框架及推进措施

标准竞争已经成为继产品竞争、品牌竞争之后层次更深、水平更高、影响更广的竞争形式，在经济和社会发展中发挥着越来越重要的作用。体育领域的标准化工作是促进体育运动与现代科技紧密结合，推动体育事业的重要基础性工作。

（一）体育标准化体系建设工程

标准化在现在、将来都将是促进和谐、科学发展、规范高效、实现社会公平有序的重要手段和科学的管理方法。体育领域标准化工作关系到政府为社会提供公共服务的形象，关系到人民群众的切身利益；体育标准化体系的建立对促进体育事业健康、有序发展，提升服务水平，满足社会对体育的需求等具有重大意义。

2009年7月31日，在国家标准化管理委员会、国家体育总局、科技部、文化部、教育部等部委及行业组织的大力支持下，全国体育标准化技术委员会在北京正式成立，标志着我国体育事业进入了一个新的发展时期。

为解决现行体育标准体系不完善，以及标准缺失、老化、滞后、交叉重复甚至矛盾等问题，国家积极构建体育标准化保障体系，包括体育标准化管理体系和运行机制、标准实施监督体系、标准化人才培养体系，国际标准化工作推进，标准服务平台建设等。同时，重视体育标准体系构建。在分析体育相关国家标准、行业标准、团体标准和企业标准的基础上，围绕群众体育、竞技体育、体育产业发展建立标准化保障体系。目前体育标准化服务能力全面提升，已初步建立起体育标准体系，规范指导当前和今后一段时间内体育标准化工作。

（二）体育标准化保障体系的构建

1. 体育标准化管理体系和运行机制建设

首先要建章立制，完善体育标准化工作的管理制度，规范制修订工作流程，加强立项论证，监督标准的起草、审查、反馈、执行、评估等全过程。把体育标准的制定、贯彻实施和监督运行作为长期的任务纳入日常管理工作，并形成长效机制。重点规范强制性标准工作机制，同时建立国家标准、行业标准、地方标准

的协调机制，发挥各部门的组织、指导、协调、推动和促进作用。

其次要加强体育标准化技术委员会管理体系建设，构建委员会绩效考评办法，明确考核方法，建立信息管理系统，增强工作效率。通过更新和升级等手段，不断完善体育标准化管理体系，实现体育标准化管理从制定到实施再到持续改进的循环控制。

最后要建立体育标准化研究机制，针对重点项目，加强涉及体育服务、场馆建设、赛事管理、体育科技等基础标准的研究制定工作。深入研究国外先进体育标准，研究体育标准的贯彻落实，解决体育标准化工作遇到的核心难点和矛盾。

2. 体育标准化实施监督体系建设

构建体育标准化的监督运行机制，建立运行管理体系，促进标准实施，实现动态监督评价。要加大体育标准化宣传贯彻力度，增进公众对体育标准化事业的了解，营造重视和自觉贯彻实施标准的良好氛围。积极探索体育标准化示范工作模式，开展体育标准的宣传培训、实施检查、效果评价等，不断完善和提升服务质量。同时，建立体育标准信息反馈机制，形成标准制定、实施、更新的科学运行机制。

3. 国际体育标准化推进工程建设

构建国际体育标准化工作推进体系，密切关注国际体育标准化动态和信息，及时跟踪和学习消化先进的体育标准，更好地吸收国际体育标准化方面的成熟经验和成功做法。培养精通国际标准化和体育标准化活动的复合型人才，积极参加国际标准化组织，缩小我国体育标准化领域与发达国家的差距。积极邀请国际标准化组织专家，介绍国际体育标准化建设的现状，听取他们的建议。开展国际相关体育标准的对比研究，吸收国外已有的研究成果，把世界先进科技成果和国际标准科学地转化为我国国家标准或行业标准。

4. 体育标准化人才培养体系建设

建立体育标准化队伍建设和人才培养激励机制，充分利用现有标准化技术人才，对他们进一步优化、培训、补充，使他们成为体育标准化推广的主力军。结合我国体育与社会发展需要，制定体育标准化人才培养政策，选拔优秀的技术和管理人才从事体育标准化管理工作，积极为体育标准化管理人才创造学习、培训和发展机会。要根据体育事业和产业发展的重点领域与优势领域，开展专项培训。要表彰体育标准化体系建设和管理中业绩突出的人员，不断推动体育标准化体系建设。

5.体育标准化资源服务平台建设

体育标准化资源服务平台建设是体育标准化管理体系得以正常运转的基础和重要支撑。通过体育标准资源服务平台，建立广泛的信息渠道，收集国内外法规、标准、技术资料，实现体育标准化信息共享。体育标准化技术委员会要组织系统内各基层部门定期收集相关国际体育标准、国外先进体育标准以及国家、行业和地方标准，并对收集的标准资料进行研究、整理、分类，建立标准资料档案库，使体育标准化管理信息通过资源服务平台迅速、及时、准确地传递给社会公众，特别是标准化工作者、科研机构人员、质检机构人员、企业员工，尤其是中小型企业员工。

总之，加强我国体育标准化体系建设是我国体育事业发展的必然趋势，意义重大，任务艰巨。体育标准化体系建设工程应以科学发展观为指导，在和谐社会发展要求的统领下，依靠体育事业各部门、企业、社会的热心支持和参与，我国体育标准化体系的建设将伴随我国体育事业的发展步伐而不断进步。

三、技术研究平台标准化的作用与原则

（一）技术研究平台标准化的作用

研制标准的目的是在一定范围内获得最佳秩序与效益，标准化能够发挥知识积累、知识传播以及整合应用的功能。加强标准化技术在运动促进健康服务领域的运用，有助于实现标准整合、规范、协调的作用，对现阶段中国体育事业发展有重要促进作用。

技术研究平台标准化能够提高政府的科学管理能力。标准化工作可以运用科学管理方法，优化平台建设流程，提升管理效率。标准化是实现精细化管理的重要手段，能够明晰政府、市场、社会的行为边界，实现三者的均衡与协调，促使政府将主要精力放在社会管理、政策制定、机制建设、资源配置、服务监督等方面，形成政府精细化管理标准体系。另外，通过编制标准、设定指标等方法来落实相关政策，能推动法律法规及政策文件的有效实施。

技术研究平台标准化能够提高政府的工作透明度。通过政府行为规范和标准的制定、发布和执行等标准化活动，使社会公众了解政策法规要求，增加了政府部门职责、公共政策以及各项技术服务流程的透明度，减少了标准混乱、暗箱操作、供给不透明等情况，促进了政府服务职能的透明和完善。

技术研究平台标准化能够科学评价平台建设质量。通过设定科学合理、易于操作的平台评估标准，能够全面评估政府服务质量。标准化建设中涉及的指标体系以及相应的绩效评估工作既能够指导政府规范管理、深化改革、服务公众，也能够诊断不足，促进政府针对问题改进工作，还能够起到激励作用，提高政府服务的自觉性。

构建技术研究平台标准化体系将有利于实现政府规制与社会自治，使政府对于平台服务职责的履行更加专注、有效，使社会资源得到广泛开发，调动市场、社会积极性，使技术研究平台取得更大效益。

（二）技术研究平台标准化构建原则

技术研究平台标准体系应尽可能全面涵盖与技术研究平台以及运营管理相关的各种因素，形成科学、动态、开放的有机整体，做到分类明确、结构优化、主题明晰、数量合理。其构建原则有以下几方面。

首先是适应性原则。技术研究平台标准要考虑到技术研究平台的各项要素，如平台硬件设施条件、平台服务方式手段、平台运营管理模式、平台服务质量与综合效益等。技术研究平台标准只有融入政府绩效、全民健身工程，深入百姓文化生活，才能发挥其应有的作用和效益。因此构建技术研究平台标准体系，必须结合技术研究平台的实际功能，多角度、全方位建立标准体系，以提升平台公共服务质量为目的，这样才能围绕核心内容规范技术研究平台的公共服务项目，带动技术研究平台健康发展。

其次是系统性和层次性原则。技术研究平台标准要遵循标准化基本原理，考虑标准体系属性，避免交叉重复。要把平台标准体系看作一个整体，体系中的标准要齐全、完备，通过内部各要素的协调合作，使整个系统的功能达到最优。标准体系的层次结构要清晰，做到简化、高效、层次分明，并具备范围广、层次多的适用性。

再次是可操作性原则。技术研究平台的标准体系内容必须符合实际，标准体系要有利于其推广和使用，构建方法要清晰易懂，合理反映各标准间的关系，避免交叉重复，提高规范性和可操作性。要切实通过标准化体系促进技术研究平台的科学化与民主化。

最后是公平性原则。在目前的社会经济发展条件下，要推动技术平台的建设，满足广大居民的健身需求，应遵循公平性原则，技术研究平台标准体系所服务的对象是社会公众，提供的产品要辐射该地区大众，让群众更好地享受技术研究平台成果。

第二节　加强运动促进健康实验室标准化建设

一、加强运动促进健康实验室标准化建设的意义

运动促进健康是体育行业和医疗卫生行业相互融合，发挥科学健身在健康促进、保健康复、疾病预防与治疗等方面的积极作用，促进人类健康的一种疾病预防与健康服务模式。运动促进健康实验室是体卫融合实验室体系的重要组成部分。《"十四五"体育发展规划》强调要构建更高水平的全民健身公共服务体系，建立体卫融合重点实验室。《关于构建更高水平的全民健身公共服务体系的意见》也强调要深化体卫融合，制定实施运动促进健康行动计划，建立体卫融合重点实验室，推广常见慢性病运动干预项目和方法，倡导"运动是良医"的理念。

运动促进健康实验室是依托体育科研所、高校、体育领域企事业单位等科研教育机构建设的体育基础性研究基地，是承担运动人体科学领域科学研究的场所，属于科研实验室。运动促进健康实验室能够通过科学健身研究、国民体质测试、运动处方应用研究、体卫融合探索等发挥体育锻炼在预防疾病方面多效用、低成本的优势，激发大众参与运动健身的主动意识，促进"运动是良医"理念在全社会的认同，让全民健身实现更高质量、更有效率、更加公平、更可持续的发展。

运动促进健康实验室在国民体质测试方法、运动风险评估手段、运动人体科学研究等方面的标准化程度直接决定了输出结果的稳定性及科学研究的权威性。

若没有相关标准，实验室设备条件、测试环境、数据准确性、工作流程等都难以满足科研的需求。只有规范了运动促进健康实验室的建设标准，才能满足相关检测和科研需求，既能达到安全、环保等要求，也能为实验室科研人员以及受试者提供舒适的实验场所，确保实验室稳定、健康、可持续发展。因此有必要就运动促进健康实验室的建设制定相关标准。

作为促进主动健康的战略平台，围绕运动促进健康实验室编制建设标准是国家实施全民健身计划的重要支撑。研制实验室配置要求有利于促进运动健康相关研究的规范性、科学性，有利于提升国民体质健康水平，为体育系统实验室规范建设提供可借鉴、可复制、可推广的成功经验，推动健康中国和体育强国战略的实现。

二、体育系统实验室现状

全国各省市均布局有国民体质监测中心、运动与体质健康实验室等测试和研究平台。我国现有36所体育类高校，其中27所高校设有运动人体科学本科专业，54所院校招收运动人体科学硕士；体育系统实验室多以运动人体科学实验室为主，主要开展运动机能评定、国民体质监测与健身指导、体育测量与评价、运动员心理选材与诊断、运动损伤防护与康复等实验和研究工作。依托运动人体科学专业，国家体育总局自2008年以来，已在全国各地布局了45家重点实验室，研究方向涉及运动训练监控、医务监督、体能训练、身体机能评定、科学选材、技战术诊断以及体育信息、体育工程、体质测评等内容，其中多数方向涉及运动促进健康领域。以上技术研究平台在基础研究和全民健身社会实践方面做出了巨大贡献，有效推动了运动促进健康工作。例如，45家重点实验室面向健康中国战略，积极开展全民健身推广工作，覆盖人数超过数千万人次，在运动促进健康方面做出了重要贡献，也产生了高端的科研成果。

体育系统技术研究平台中除极个别实验室下设的生化实验室通过了中国合格评定国家认可委员会（CNAS）认可外，绝大多数实验室处于没有标准可依的状态。编制技术研究平台系列标准将规范运动促进健康领域技术研究平台的配置要求，填补体育系统实验室无标准可依的空白，对提升体育行业科研工作的科学性、规范性、严谨性起到推动作用。相关标准应从配置要求开始逐步延展为系列标准，包括运行管理、人员职责、检测方法、能力要求等，助推体育系统研究平台建立全方位的标准，推动体育科研工作高质量发展。其当务之急是围绕运动促进健康研究领域，依托现有实验室编制体卫融合实验室配置要求，并将运动促进健康实验室技术标准推广到更多实验平台。

目前，国内外有很多实验室运行管理类标准，但很少有针对体育行业的相关标准；国内有3个地方标准，主要涉及服务技术规范，整体来看还没有体育行业特色的研究平台技术条件和要求。其中安徽省质量技术监督局2018年8月发布《"体卫结合"的健康促进服务规范》（DB34/T 3171—2018），规定了"体卫结合"的健康促进服务的术语和定义、基本要求、服务内容和服务管理，以实现健康促进服务的规范化管理。其指出体卫融合是通过体育学科提供手段和方法，卫生学科提供思路和路径，用医学卫生的思维方法和知识体系将常见的体育运动方法进行归纳和总结，形成知识库，并使之处方化，通过处方化的运动干预方案达到促进健康的一种健康管理理念。该标准适用于非医疗性健康促进服务机构、体检中心和基层医疗机构等，采用"体卫结合"的方式进行高血压、糖尿病、血脂异常、高尿酸血症和肥胖等慢性病防治的健康促进服务。2021年2月25日实施的安徽省地方标准《运动促进健康服务技术规范》（DB34/T 3785—2021）规定了运动促进健康服务的流程、信息采集、健康评估、运动方案制定、运动指导及效果评价。该标准适用于运动促进健康的技术服务。2021年4月1日实施的北京地方标准《体医融合机构服务规范》（DB11/T 1793—2020）规定了体医融合服务的基本要求、服务项目、服务要求和服务质量控制，适用于体医融合机构，包括医疗机构及与医疗机构合作开展体医融合服务的非医疗机构。

但目前没有能够规范运动促进健康技术研究平台建设要求的标准。应就体育系统相关研究平台的管理要求、通用技术规范、人员职责、能力要求、操作规范、数据采集、实验方法、伦理要求、质量控制与质量评估等编制系列标准，填补体育系统缺乏研究平台相关标准的空白。

三、相关法律法规及标准分析

（一）国内法律法规及标准

国内相关法规文件包括《中华人民共和国计量法》《中华人民共和国标准化法》《中华人民共和国产品质量法》《中华人民共和国认证认可条例》《强制性产品认证机构、检查机构和实验室管理办法》《实验室和检查机构资质认定管理办法》《认证机构、检查机构、实验室取得境外认可机构认可备案管理办法》（已失效）、《实验室能力验证实施办法》以及《国家认证认可监督管理委员会关于开展良好实验室操作规范（GLP）评价试点工作的通知》《检测和校准实验室能力认可准则》（CNAS-CL01）、《医学实验室质量和能力认可准则》（CNAS-CL02）等。实验室管理相关国家标准包括：GB/T 22272、GB/T 22273、GB/T 22274、GB/T 22275、GB/T 22276、GB/T 22277、GB/T 22278系列文件，涵盖良好实验室规范原则、良好实验室规范建议性文件、良好实验室规范监督部门指南、良好实验室规范实施要求，实验室能力验证与要求等。

以上标准规定了实验室的原则、规范、实施要求等，涵盖实验室的人员职责、研究方案和计划、质量保证方案、研究设施和环境、研究设备、研究材料和方法、研究记录和档案以及研究报告等。这些标准对体育行业实验室的科学管理和良好运行有很好的借鉴价值。

（二）国际法律法规及标准

国际相关标准主要包括ISO/IEC 17025、《药物非临床研究质量管理规范》（GLP）、《药物临床试验质量管理规范》（GCP）、《药品经营管理规范》（GSP）、《药品生产质量管理规范》（GMP）、《药材生产质量管理规范（试行）》（GAP）等。

ISO/IEC 17025是由国际标准化组织和国际电工委员会制定的一致性标准，规定了实验室进行校准和测试的能力的通用要求。GLP是为申请药品注册而进行的非临床研究必须遵守的规定。GCP是进行各期临床试验、人体生物利用度或生物等效性试验时必须遵守的规定。GSP要求药品经营企业应在药品的购进、储运、销售等环节实行质量管理，建立包括组织结构、职责制度、过程管理和设施设备等方面的质量体系，并使之有效运行。GMP是在药品生产过程实施质量管理，保证生产出优质药品的一整套系统的、科学的管理规范，是药品生产和质量管理的基本准则。GAP是药材生产和质量管理的基本准则，适用于中药材生产企业生产中药材（含植物药及动物药）的全过程。

以上标准为体育行业实验室的规范管理和运行提供了很好的借鉴，但相应指标不太符合体育行业实验室的实际情况。体育行业实验室的运行管理以及申请CNAS认可时会参照以上法规，但仅限于生物化学类检测检验，体育系统常用的最大摄氧量、无氧功、体成分、骨密度、体质健康等实验内容，能够参照的计量设备、检测内容和指标等并不多。

（三）运动促进健康相关标准

国内有3个相关的地方标准涉及运动促进健康服务规范。安徽发布了两个地方标准，分别是《运动促进健康服务技术规范》（DB34/T 3785—2021）和《体卫结合的健康促进服务规范》（DB34/T 3171—2018）。《运动促进健康服务技术规范》（DB34/T 3785—2021）规定了运动促进健康服务的流程、信息采集、健康评估、运动方案制定、运动指导及效果评价；《体卫结合的健康促进服务规范》（DB34/T 3171—2018）重在实现健康促进服务的规范化管理，适用于非医疗性健康促进服务机构等。2021年4月1日实施的北京地方标准《体医融合机构服务规范》（DB11/T 1793—2020）规定了体医融合服务的基本要求、服务项目、服务要求和服务质量控制，适用于体医融合机构，包括医疗机构及与医疗机构合作开展体医融合服务的非医疗机构。

2019年3月浙江省市场监督管理局发布的《体质测定与健身指导技术规范》（DB33/T 2194—2019）是全国首个关于体质测定与健身指导方面的技术标准。标准规定了体质测定与健身指导的术语和定义、基本要求、体质测定、健身指导、档案管理等内容。对现有各级各类机构开展体质测定与健身指导技术进行了规范，可提高体质测定以及健身指导的服务质量和专业水平。2021年12月山东省市场监督管理局制定《体质健康测定与健身指导技术规范》（DB37/T 4469—2021），规定了体质健康测定与健身指导的机构人员、场地设备、测试项目、测试流程和健身指导。仪器标准方面，《国民体质测试器材 通用要求》（TY/T 2001—2015）规范了国民体质测试器材的生产研发、政府采购、质量检验与质量监督，有力地保证了国民体质测试数据的准确可靠。

以上标准率先在运动促进健康领域积极探索，意义重大。后续需要结合体育特色编制体育系统的实验室系列标准，规范体育系统运动促进健康实验室的建设、管理、运行。

第三节 体质健康促进研究平台配置要求

运动促进健康技术平台标准涉及多方面，包括管理要求、通用技术规范、人员职责、能力要求、操作规范、数据采集、实验方法、伦理要求、质量控制与质量评估等系列内容。本节以《体质健康促进研究平台配置要求》为例介绍重点内容，今后还需编制系列标准，全面规范运动促进健康技术研究平台的建设和运行。

一、运动促进健康技术研究平台标准概述

（一）运动促进健康技术研究平台标准体系

1. 基础标准

基础标准主要规定名词术语、分类代码、图标等，是平台构建的基础。

2. 技术标准

技术标准主要包括检测方法、设计与建设、质量控制、人员要求，其中检测方法应规定体育系统常见研究方法和手段，如国民体质检测方法、最大摄氧量检测方法、血乳酸检测方法、无氧功检测方法、心肺功能检测方法、肌肉功能检测方法、体能测试方法等，能够指导平台的技术发展。

3. 管理标准

管理标准就不同实验室进行规范，如运动生理实验室、运动生化与营养实验室、动作技术分析与控制实验室、体质健康测评与指导实验室、体育装备研发实验室、体能测评实验室、身体机能测评实验室、低氧实验室、体成分实验室等，指导不同实验室的管理运行。例如，运动生理实验室研究涉及骨骼肌原理、形态机能、力量训练及损伤、运动与心脑血管功能调控、运动的神经内分泌机制研究等，需围绕运动生理相关特性，就平台建设、环境、设备、人员、安全等进行全

面规范；运动生化与营养实验室的关注重点是运动生化指标监控、运动营养、高原训练、运动员科学选材、兴奋剂检测技术与方法；动作技术分析与控制实验室的关注重点是技术动作结构的诊断与优化、运动技术、运动损伤与运动装备的生物力学分析，体质健康测评与指导实验室关注的重点是体质与健康评价、健康促进、运动风险评估与健身指导；体育装备研发实验室的关注重点是体育仪器设备、应用软件研发等。

4. 应用标准

应用标准包含技术研究平台实际运行中涉及的重要领域，如样品管理、能力验证、数据存储、信息系统规范等，为平台的应用提供指导。

运动促进健康技术研究平台标准体系如图6-1所示。

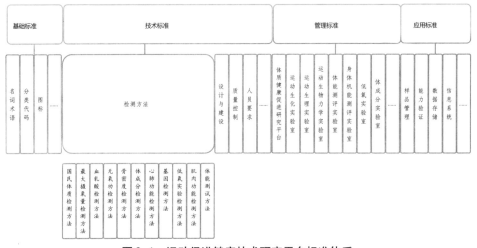

图6-1　运动促进健康技术研究平台标准体系

（二）体质健康促进研究平台配置要求适用范围

相比于其他类型的实验室，体育系统实验室有着鲜明的体育行业特征，其科研成果主要在全民健身、竞体体育科技服务及大众疾病防治等方面广泛运用，需要就健身指导、运动营养、医务监督服务提出具体要求。体育系统实验室强化体卫融合交叉研究，其工作环境相较于普通办公环境有着很大差别，需要对安全防护、环境设施、治病预防等基本条件和技术要求做出明确规范。

鉴于目前体育类技术研究平台相关标准只能借用通用标准，在运动促进健康机制、运动防治疾病、运动与健康相关平台、设备和软件开发研究等方面都没有行业内标准，因此需围绕基础标准、技术标准、管理标准、应用标准推出系列标准。

通过编制体质健康促进研究平台系列标准，规范体育系统技术研究平台的基本条件，在实验用房、人员职责、设备配置和运行管理等方面明确技术要求，促进体育行业科学实验和研究的规范性和科学性。

二、运动人体科学实验室标准主要内容

（一）建设基本要求

选址及布局应符合城市建设规划，交通便利、环境安静，避开污染源和易燃易爆物的生产、储存场所。建筑总面积应不少于1000㎡。实验室防火安全应符合《建筑设计防火规范（2018年版）》（GB 50016—2014）的规定。实验室配电安全应符合《通用用电设备配电设计规范》（GB 50055—2011）的规定。应进行无障碍设计，并应符合《无障碍设计规范》（GB 50763—2012）的有关规定。实验室应具备服务区、办公区、测试区、研究室等功能，各功能区应划分明确、互不干扰。宜设置质量与安全、设备、档案、信息化等管理区域。需要时，应设置休息室供受试或相关人员休息；应设置咨询室或教室，用于开展科学健身指导和科普宣讲；应设置医疗废物暂存处，实行医疗废物分类管理、定时清运。

选址应符合城市建设规划，交通便利、环境安静，避开污染源和易燃易爆物的生产、储存场所。建筑总面积应不少于500㎡。

研究平台防火安全应符合《建筑设计防火规范（2018年版）》（GB 50016—2014）的规定；研究平台配电安全应符合《通用用电设备配电设计规范》（GB 50055—2011）的规定；应进行无障碍设计，并应符合《无障碍设计规范》（GB 50763—2012）的有关规定；应具备服务区、办公区、测试区、研究室等功能，各功能区应划分明确、互不干扰；宜设置质量与安全、设备、档案、信息化等管理区域。需要时，应设置休息室供受试或相关人员休息；设置咨询室或教室，开展科学健身指导和科普宣讲；设置医疗废物暂存处，实行医疗废物分类管理、定时清运。

研究平台用房的数量、面积、技术指标、检测能力等皆应满足基本要求。研

究平台至少包括国民体质测评研究室、身体成分测评研究室、身体素质测评研究室、运动干预与体质健康促进研究室、营养指导研究室、骨龄与生长发育测评研究室以及心肺功能与运动风险测评实验室、肌肉力量测评研究室、健康风险测评研究室、心脏功能测评实验室、身体活动与能量消耗研究室、运动疲劳实验室、运动处方实验室等。

配套设施至少包括办公室、接待室、咨询室、科普教室、更衣室、休息室以及云端智慧服务平台、体能训练实验室等。

研究平台能够完成相关检测项目，设置独立检测室，由专人负责。开展暴露身体的检查项目（如动脉硬化、超声心动等）应做到一人一室。

环境条件事关安全，安全性包括对周围环境的安全性应符合国家法规和标准的要求。应做到地面平整防滑，不铺设地毯，场所布局合理，利于人群疏散；环境清洁，实验区温、湿度能够保证设备正常运行；样本保存、管理符合医学检验科生物安全管理要求；室内场所应有紧急疏散通道，疏散标志醒目、位置合理，应急通道畅通；国民体质检测区域宜有空气调节设备，保持适宜温度和良好通风；生物化学类设施设备和安全管理应符合《实验室 生物安全通用要求》（GB 19489—2008）的规定；研究平台医疗废物应按照《医疗废物处理处置污染控制标准》（GB 39707—2020）的要求进行分类、收集、储存、日常管理等；气瓶搬运、装卸、储存和使用应符合《气瓶搬运、装卸、储存和使用安全规定》（GB/T 34525—2017）的相关规定。

（二）组织机构设置与人员配置

人员配备方面，设置技术研究平台负责人，作为质量安全管理第一责任人，应具有副高级及以上专业技术职务任职资格，具备相关专业知识和管理工作经验。配备与科研、实验、测试等工作任务相适应的高、中、初级专业技术指导人员，包括研究员、实验员、社会体育指导员和体能教练员。技术指导人员等应持有国家有关执业资格证明方能上岗，并应承担安全保障职责。

技术研究平台负责人至少应做到：保证技术研究平台运行和研究活动符合国家相关的法规要求；建立科研诚信和科研伦理文化；保证实验室的安全工作条件、警示标志和应急装备符合国家相关标准的要求和适合于所从事的研究活动；

建立并维护实验室管理制度，并组织对所有相关人员进行培训和考核，禁止考核不合格或未经批准的人员进入技术研究实验室；制止不符合管理要求、不安全的行为或活动；建立应急预案，保证应急器材的性能正常，并定期组织所有相关人员进行应急演练。

专业技术人员应经过专门培训，具备运动人体科学基础知识和常规检测技术，掌握体育运动与人的机体的相互关系及其规律，具备运动学、生物学、养生学、医学等学科基础，能够进行科学健身指导、运动风险评估、身体机能诊断与评价等，了解国内外相关体质健康促进研究动态及相关学科知识。职责至少包括：掌握心肺复苏技能；遵守科研诚信和伦理原则；了解和掌握安全工作方式及防护措施，遵守研究平台管理要求和研究计划的规定；将自己已知的健康或体检状况告知相关人员；及时准确地记录、采集原始数据，并对数据的质量负责；主动观察、识别、报告研究活动中的新问题、异常现象等并客观记录；建立工作日志；及时报告安全隐患、事件或事故；承担安全保障职责。

（三）设备、器材与急救设备配置

配备开展体质健康促进研究项目所需的仪器设备，应包括体成分分析仪、骨密度测定仪、体质健康标准测试系统、电子体重秤、便携式测氧仪、电子血压计、尿液分析仪、强生稳定血糖仪、血乳酸分析仪等。国民体质测试器材应符合《国民体质测试器材 通用要求》（TY/T 2001—2015）的要求。宜配备饮水设备、休息座椅、储物柜、一次性拖鞋等。健身器材配置应具备适用性和安全性；器材的售后维护、安装和验收应符合相关要求，保障日常管理维护；健身器材的安全应符合《健身器材的安全通用要求》（GB 17498—1998）的要求；测试中相关运动的安全指导应符合《健身运动安全指南》（GB/T 34285—2017）的要求。

急救设备应配备全导联心电图机、心脏除颤仪、简易呼吸器、供氧设备等；应配备急救药品箱，应急用品种类和数量应满足相关标准要求。

（四）检测能力配置

检测能力要求：应用标准方法、非标准方法和研究平台制定方法，按照规定程序，开展运动促进健康相关测试、检验、实验、科研研究，具备身体素质测评、运动干预、营养指导、骨龄测试、生长发育指导、心肺功能与运动风险评价、肌肉力量分析、健康风险测评、心脏功能测评、身体活动与能量消耗研究、运动疲劳研究、运动处方制定、可穿戴智能健康促进设备研发、血液生化分析、尿液生化分析等检测能力。

技术方法要求：应意识到人员、设备、材料、方法、环境等均可能影响实验结果，应按照技术规范、标准和操作规程开展各项工作，应规范使用和管理仪器设备、实验用品等，应对体质健康检测报告质量进行控制。

（五）其他要求

其他要求如应制定研究平台运行管理基本制度，应制定各岗位人员工作职责，应有健全的实验安全、生物安全、规范操作、安全救护、设备维修、应急预案等制度，应严格落实各项制度、职责，做好培训、执行、检查、分析及改进记录。

本研究仅做初步探讨和建议，后续体质健康促进研究平台系列标准要结合体育系统的实际情况不断细化标准内容。

第七章　实验室高质量创新评价
指标体系建设

第一节　国内外实验室评估现状

实验室开展评估是优化实验室队伍和配置资源的重要手段，是促使实验室不断提高运行质量的重要措施，能够强化实验室管理的规范化。体育系统重点实验室评估是国家体育总局对体育重点实验室的研究方向、战略规划、科研水平、队伍建设、开放联合管理能力及产出效益等进行综合价值评价、判断和预测的方法。评估的主要目的在于全面检查和掌握体育系统重点实验室现状，并总结经验，及时发现最新问题，促使重点实验室更有效地实行"开放、流动、联合、竞争"的机制，从而有效推进体育系统重点实验室的改革和建设。国家体育总局重点实验室评估作为体育院所重点实验室管理机制的重要组成部分，是保持实验室健康运行和高质量发展的重要管理手段。因此，制定并试行国家体育总局重点实验室评估指标体系，能激发和调动重点实验室的主观能动性，积极吸引各级政府投资，拓展实验室经济效益和社会效益，促进重点实验室的建设和发展，为我国体育事业发挥更大作用。

从1989年开始，我国启动国家重点实验室评估工作，相关研究成果主要涉及国家重点实验室评估的必要性、方针、原则、方法、同行评审专家构成原则及评估工作主要组织方法；还包括国家重点实验室在研究方向定位、队伍组建、开放交流等方面的管理运行情况。相关评估工作和学术研究对国家体育总局重点实验室的评估研究具有重大参考价值，使我们能站在宏观管理的角度思考问题，充分借鉴实验室宏观管理部门的相关政策和实施手段。

一、实验室评估相关概念

（一）高质量发展

高质量发展是指在新时期、新发展阶段，面对新环境、新的历史条件，须从高速度发展转向高质量发展。促进实验室高质量发展的基本前提是正确认识高质量发展的核心内涵。高质量发展的多维性、丰富性反映了实验室高质量发展的科研能力、技术研究水平、资金支持、队伍建设、战略布局、开放交流等影响。高质量发展还存在系统性和全面性的问题，在系统观视野下的高质量发展必须满足创新发展、协调统筹、共享开放等要求。

体育重点实验室高质量发展要以"开放、流动、联合、竞争"的运行机制为基础，以加强师资队伍建设和创新人才培养为要求，以重视国内外的学术交流和合作为目的，以提高科研成果的产出与创新能力为战略，以此不断提高实验室工作水平，使实验室向高质量、高水平、高效益方向发展。实验室高质量发展要求在科研方向方面更重视前瞻思维，并将整体性规划、战略性布局作为高质量发展的前提保证，积极响应国家政策，面向国家重大战略需求，服务社会大众，将科研成果运用到社会大众运动健康中去；在队伍建设与人才培养方面，要以国际化视野汇聚高层次人才，将建设高水平研究团队作为实验室高质量的基础，构建跨学科发展的多路径人才培养体系，培养青年人才、用好现有人才、打造创新型人才；在开放交流与运行管理方面，在全球化的今天，融入全球创新体系是构建人类命运共同体的必经之路，实验室在加快自主创新的同时，更要拓展合作内涵，丰富合作层次，实现优势互补，形成创新合力。

（二）创新评价概念及作用

实验室创新能力评价是将重点实验室基础条件、运行管理水平、综合绩效等评价指标体系一起来，实现实验室高质量指标体系构建，从重点实验室创新活动的保障体系、科技创新活动的投入和产出以及重点实验室科技创新的成果转化综合效益等3个层面对实验室高质量发展程度进行创新评价，继而形成一种新的、交叉的、重要的实验室创新评价模式。

实验室高质量创新评价指标体系建设是实验室高质量发展评价体系的特色工程，其对实验室建设与管理的方向具有指导作用、对实验室各项工作的管理具有规范作用、对实验室管理者劳动成果和工作效益鉴定与评价起反馈作用、对实验室在评估中发现的问题和不足具有诊断作用、对实验室之间的相互交流学习起促进作用。可见加强实验室创新评价指标体系建设是提高实验室发展的可持续性发展、培养创新人才、建设创新团队、服务社会高质量发展的需要。

（三）指标体系概念及设计原则

建立客观反映实验室高质量发展情况的评估指标是推动实验室发展与规范实验室管理工作的重要手段。评价指标体系要体现导向性，既要体现重点实验室的本质特征，也要反映管理层的运行特点。体育系统重点实验室高质量发展评估工作可以从基本条件、运行管理、综合效益3个方面的指标体系去理解和评价。科学合理的指标体系是对实验室总体运行状况做出准确评价的基础，直接关系到评估结论的合理性与准确性。指标体系设计必须坚持以下原则。

1. "公开、公平、公正"原则

"公开、公平、公正"是评估的总原则，即严格按照实事求是的原则进行评估，确保评估工作各环节的真实、评估结果的客观公正。首先，要做到评估指标的科学性和实用性；其次，评估数据来源要可靠，统计口径要一致，信息必须准确，参评实验室要实事求是地填报；最后，评估活动要避免人为因素影响，确保评估结果的客观性和真实性。

2. 导向性原则

"以评促改、以评促建、以评促管、评建结合、重在建设"，评估是手段，建设是关键，提高实验效益、质量是根本目的。因此，评估必须具有导向性，目的是促进实验室建设，规范实验室管理。

3. 发展性原则

实验室评估，除了要客观、准确地反映和评价被评估对象的建设与管理现状，确定等级，分出优劣，更要帮助其找出问题及产生问题的原因，促进其加大投入、加强管理，不断提高实验室工作水平，激励并引导实验室向高质量、高水平、高效益的方向发展。

（四）其他相关概念

1. 系统论

系统论是一种方法论，它将客观事物视为一个大系统，在大系统内再划分出若干子系统，从各子系统内又分解出多个组成要素。系统的基本特征是开放性、层次性、整体性、集成性、相互关联性等特点。

通过梳理系统论理论可以发现，体育系统实验室也是一个系统，包括运动人体科学实验室、国民体质与科学健身研究中心、运动训练研究中心、体能训练研究中心、运动心理与生物力学研究中心、运动生物科学研究中心等子系统，每一个实验室又涉及实验仪器设备、环境条件、人员管理、技术方法、学术交流与共享等组成要素。由此可知，体育系统实验室具有开放性、集成性、层次性等特点。因而在对其进行评估时需要将系统论作为理论基础之一。

2. 学习型组织

学习型组织是一种组织内部的学习和管理理念，通过不断学习和思考，达到自我创造并维持组织竞争力和创造力的目的。它包含着组织行为学、管理心理学等诸多内容。学习型组织建立的最终落脚点在于持续提高组织创新能力。

学习型组织理论适宜应用在实验室团队管理方面，特别是在实验室队伍建设与人才培养上，通过持续学习，不断提高创新能力；通过提高实验室团队合作绩效，找到解决问题的方法与途径，达到集思广益的目的；通过各种学习行为与活动，能够不断加强实验室队伍的思想交流，增强凝聚力，为实验室高质量发展走向可持续发展提供保障，为科技创新突破打好基础。

3. 德尔菲法

德尔菲法也称专家意见法，一般是将预设方案交予背对背的多名专家进行评审，收回评价方案后进行整理，再匿名发给专家以整合意见，通过多轮意见征求最终得到比较一致的满意结果。

4. 投入产出法

投入产出法是经济学的理论，用于研究经济系统的投入要素与产出要素的依存关系。投入产出法为评估指标的选择提供了一个很好的思维方式，尤其在对于组织的评价中使用尤为广泛。科研活动也具有投入产出活动的特性，科研机构是一个投入产出体系，因而该方法在科技评估中也得到广泛应用。投入产出法在用于评估指标选择时，考虑到科研活动的复杂性，常把定量指标与定性指标都考虑进来。

二、国外实验室评估工作梗概

（一）美国国家实验室及其评估体系

美国众多的国家实验室集中归属于能源部、国防部、国家航空航天局、商务部、农业部、卫生部、运输部、环境保护署等政府部门，布局时还充分考虑高校及大型工业企业的空间分布，以便更有效地凝聚和整合国家科技资源。美国国家实验室的资金大部分来源于政府通过预算法案给予的拨款，也接受来自企业的研发资金和私人机构捐助。实验室有很高的开放共享度，任何机构或个人均可申请使用，扩大开放的目的就是提高仪器设备使用率，促进联合机构加强合作研发，帮助企业提升生产水平、增强竞争力。美国各级实验室都极为重视评估，实验室评估及课题评价是推动科学发展和规范科研管理的关键环节，评估结果决定着实验室的未来发展，事关其保留或撤销。

国家级实验室每年向主要经费支持部门汇报研究工作两次，每年出一份年度工作报告，包括年度研究工作进展和实验室管理运行状况。汇报内容涉及：项目执行情况综述，科研项目研究进展、关键问题及下一步研究计划，实验教学状况，科技成果转化、应用及学术交流，设备使效率及资源共享情况，实验室管理运行情况，人才培养，论文成果及专利，科研获奖情况，等等。

各国家级实验室每2年有一次中期考核，每4~5年还要开展一次大型评估，由经费支持部门组织评估审核，评估聘请若干国内外知名专家学者并重点评估实验室学术成果（重点评价引用次数和影响因子）、专利、专著和教材、学生培养情况，最关键的考核内容是成果的影响力，如能否被美国国会引证等。

（二）英国研究机构及其评估体系

英国科研机构按照资金来源分为企业自有实验室、政府资助或补助的研究机构，其具有以下特点：一是有鲜明的建设方针并且符合国家目标。研究机构在创建之初都有明确的定位和使命，能够把立足国家需求、解决重大问题作为首要使命。二是有来自政府的长期、稳定并充足的经费投入，既有各种科研项目经费，也有年度预算拨款，拨款数额较高，能够保证国家级研究机构拥有稳定团队并保持一定规模。三是在继承优良传统的基础上不断开拓新领域，确保实验室紧跟世界科技发展前沿。四是有强大的科技支撑体系，不止有最先进的仪器设备、顶级的科研团队，还有政府强大的资金投入。

（三）德国研究机构及其评估体系

德国科技政策非常注重对科研机构开展科研活动的资助，德国联邦和州政府共同资助基础研究、应用研究、综合性跨学科战略研究及"蓝名单"科研机构的科研项目。"蓝名单"评估委员会由19人组成，包括国家科学委员会3名科学家，由不同组织提名的12名不同专业领域科学家，以及联邦和州政府的4名代表。评估主要考察科研机构的科研质量和服务质量。衡量科研质量的指标包括科研领域在国内外比较中的地位，科研计划与科研规划的一致性，成果发表情况，第三方资助研究情况，相关科学咨询机构评估意见，科研人员素质及流动，与高校及科研机构的合作情况，与高校共同聘任学科带头人情况，科研人员在高校授课以及青年学者攻读博士情况，科研人员获得高校授课资格的人数，应邀参加重大学术交流的人数，应邀参加其他国家科研机构研究的人数，应邀来本机构的外来科研人员人数。

三、国内实验室评估工作梗概

（一）国内体育系统实验室现状

1. 实验室规模较小

除经济发达地区资源条件较好外，整体来看，体育系统实验室的总体面积较小，规模不大，独立的实验用房数量较少，很多实验拥挤在同一场所开展，相互影响干扰。实验室人才队伍人数近几年有一定增长，但人员层次水平参差不齐，一些地区的实验室资源严重短缺，在一定程度上影响了体育系统实验室的高质量发展。

2.建设运行经费投入不足

实验室建设运行经费投入不足，导致仪器设备种类不足，可开展的实验有限，制约了实验室的创新发展。还有不少实验室现存设备老旧，尤其是大型设备发生故障但没有持续经费进行维修与保养，导致部分设备搁置甚至报废，一定程度上浪费了有限的科研资源。

3.设备利用率低

体育系统实验室设备很难在各单位共享使用。尤其是在引进国外精密贵重仪器前缺乏前期论证，导致部分设备无人使用，利用率极低；除部分运动人体科学、运动心理、运动医学与康复等专业师生外，多数运动训练、体育教育等专业师生难以掌握新仪器的研究方法，导致部分设备长期处于闲置状态，无人使用。

4.实验建设管理亟待加强

体育科研院所的实验员队伍较弱，与专业实验室相比，缺乏专职管理团队，并且体育系统实验室管理培训体系还不健全，造成实验室管理混乱和实验管理团队缺乏等问题，致使实验室管理水平很难得到提升。

（二）现阶段体育实验室建设背景

为提高体育系统实验室竞争能力，通过支持应用基础研究，强化体育实验室建设，提升实验教学质量，支撑创新型人才培养，是当前建设高质量体育系统实验室的重要工作。2015年，教育部将实验室明确定位为高等学校组织高水平科学研究、培养和集聚创新人才、开展学术合作交流的重要基地，要求高校实验室面向科学前沿，聚焦国家战略需求和行业、区域发展需求，开展创新性研究，提升高校创新能力，推动学科建设发展，以高水平科学研究支撑高质量高等教育。此外，还应注意到一个重要的时代背景，即学科交叉与融合已成为科学研究与高等教育发展的重要趋势之一。《"十四五"体育发展规划》提出建立体卫融合重点实验室，促进体育行业和医疗卫生行业相互融合，发挥科学健身在健康促进、保健康复、疾病预防与治疗等方面的积极作用。2021年初，国务院学位委员会与教育部发文，正式设立"交叉学科"这一新门类。而体育科研作为"交叉学科"下非常具有代表性质的门类之一，不仅需要体育的相关知识，还需要一定的医学、生物学、化学和力学等门类知识。高质量实验室的建设有利于改善体育科研工作的条件，提高实验室的创新能力，推动学科发展，培养和聚集优秀人才，对增强实验室的竞争力有着至关重要的作用。

（三）国家重点实验室评估体系及特点

国家要求凡验收后开放2年以上的国家重点实验室必须参加5年一度的国家重点实验室评估，不参加的被视为自动退出国家重点实验室行列。实验室评估包括现场评估和复评。

现场评估按学科分为若干小组，由同行专家以及管理专家组成专家组，赴现场开展评估。具体内容包括审阅评估申请书、听取实验室主任汇报、考察仪器设备运行状况等。专家组对所评估的实验室提出现场评估意见并提交评分表。复评工作在现场评估的基础上进行，由专家组在听取实验室主任汇报并质疑的基础上，参阅实验室现场评估意见、实验室定量数据、现场评估评分表和定量排序表，分学科对参评实验室进行统一讨论、比较和打分等，确定定性排序结果。复评的定性排序结果和定量排序结果形成综合排序，即本学科参评实验室的初步评估结果。

定性评估指标体系包括3个部分：第一部分是研究工作和成果，包括研究方向、研究任务、研究成果；第二部分是队伍建设和人才培养，包括队伍建设、人才培养、研究生培养；第三部分是开放交流和运行管理，包括开放交流、运行管理。经过评估打分，排序前15%的实验室为优秀实验室，后15%的实验室为较差实验室。

其评估特点有3个方面：一是定性与定量结合，以定性评估为主，各实验室最终得分90%来自专家的定性评估，10%来自定量评估；二是学术专家与管理专家结合，以学术专家为主；三是现场评估和复评结合，现场评估按照指标体系评价实验室的研究工作、人才培养、开放交流与运行管理等情况，复评是以现场评估为基础，着重就参评实验室进行比较，确定参评实验室的排序。

四、启示

在国家创新型人才培养战略目标以及学科交叉大趋势背景的双重影响下，体育系统实验室的建立应该遵循以下3个原则。

（一）注重实验室创新模式

实验室不仅是高校教学的专业场所，实验室建设水平和科研创新能力更是体现一个城市发展能力的缩影。要想提升实验室创新模式，首先必须从培养创新人才和拓展实验室创新搜索源入手，前者是为了加强科研人员的创新思维和创新能力，后者则是为了将创新思维实体化和具象化。其次要明确实验室中长期研究方向和目标，面向社会发展需要，形成基础研究与实际应用的有效衔接，不断鼓励创新，营造创新文化，提高创新能力。

（二）优化实验室资源配置

实验室仪器设备是科研人员实现创新研究的重要基础。增加实验室经费，优化资源配置，有利于加快实验室建设，吸引高层次科研人才，从而增强实验室的科研能力与创新能力。重点实验室需要改革创新，不断拓展思路，建立创新模式，通过对外学术交流和学术研究，鼓励实验室对外开放，通过协作产学研实现合作共赢，达到吸引更多人才与资金的投入、不断更新实验室资源配置的目的。

（三）加强实验室宏观管理

加强实验室宏观管理，建立一个科学合理的全方位的体育系统实验室评估体系，需不断完善实验室评估体系，每年对各重点实验室进行定期评价，结合各实验室自身特点进行动态管理。对于被评估为优秀的实验室应给予一定的经费支持，而对于被评估为不合格的实验室则要求其积极整改，并依托高校实验室管理中心与当地科技主管部门联合督促整改，确保整改到位。连续两年评估不合格的实验室则需要重新审查实验室责任人资质与实验室实际科研资质，取消下年招生资格，直至整改到位重新评估合格后恢复招生。

第二节 体育系统重点实验室评估指标体系构建与实证

一、体育系统重点实验室评估指标要素分析

（一）基本条件

基本条件主要包括实验室面积、仪器设备价值、人员条件和运行经费。

实验室面积：指重点实验室应达到的基本面积数值，对不同面积赋予不同的分值。

仪器设备价值：指重点实验室应配备一定金额的仪器设备，对不同仪器设备价值赋予不同的分值。

人员条件：实验室应有一支高素质的固定人员队伍，包括若干优秀的学术带头人、一定规模的高素质中青年研究群体和精干稳定的技术与管理人员；年龄与知识结构合理，能够适应实验室参与国内外竞争和承担重大科研项目的要求，并具备促进实验室进一步发展的潜力。实验室人员能够团结合作，具有献身精神和良好的学风。实验室主任在实验室的建设与发展中起主导作用，应是本学科领域的优秀学术带头人，思想敏锐，能够掌握本领域国内外发展现状与趋势，具备良好的道德修养和领导协调能力，并有足够的时间和精力在实验室从事科研和组织领导工作。

运行经费：主管部门和依托单位应支持重点实验室工作，在综合建设、科研活动、技术支撑和后勤保障等方面给予经费支持。

（二）运行管理

运行管理主要包括规章制度建设、设备使用率及准确率、学术与交流。

规章制度建设：实验室应具备较高的管理水平，建立良好的运行机制，保证实验室做到人员合理流动，队伍不断优化；要充分调动每个人的积极性，激励创新；规章制度健全，日常管理工作科学有序；人员岗位职责明确，研究资料完整，环境整洁。

设备使用率及准确率：仪器设备合理、高效运行，部分实验室应具有研制、改造和功能开发的能力。

学术与交流：实验室应开展国内外学术交流与合作；积极参加国内外学术交流活动。

（三）综合效益

综合效益主要包括服务运动队情况、人才培养机制、承担课题情况、科研成果、实验室开发及社会评价、实验室建设发展综合评定。

服务运动队情况：重点实验室承担的任务要以开展高水平运动队科研攻关和科技服务工作为主，应分别统计服务的数量和取得的业绩。

人才培养机制：具有良好的培养学术接班人和优秀中青年的措施与业绩，能够培养具有较好科学素质和科研能力的研究生。

承担课题情况：能够承担足够数量的国家级、省部级科学技术研究项目。应用基础研究应侧重于在解决重大体育科技问题中具有创新的思想与方法或在实验研究方面取得突破性进展，能够为推动体育事业发展提供理论基础和技术储备，拥有自己的知识产权。

科研成果：科研成果能紧密围绕体育事业发展的重大关键问题，在国内外发表研究成果。研究成果符合实验室特色和学术研究方向，重点突出，具有创新性和研究特色。

重点实验室的首要任务是将体育科技理论应用于体育实践，在全民科学健身、竞技参赛成绩、运动队科技保障、康复诊断与治疗、体能训练与恢复等方面取得突破。承担的任务要以开展体育科研攻关和科技服务工作为主。对于隶属院校的实验室，还要加强人才培养，在培养学术接班人和优秀中青年方面积极作为。重点实验室应积极承担国家级、省部级科学技术研究项目，为国家体育总局、地方体育事业决策提供科学依据，有较高的科研效率。研究成果应符合实验室特色和学术研究方向，在解决体育重大科技问题中具有创新思想与方法，实现关键技术创新或系统集成，提供科学基础和技术储备，拥有自主知识产权；或者在实验研究方面取得突破性进展。同时，实验室应重视社会服务，大力开展全民健身指导、体育科普工作等；还应高度重视服务质量，通过满意度调查，有效倾听服务对象的诉求，评价服务绩效，推进服务提升。

二、体育系统重点实验室评估保障体系构建

（一）实验室评估方法

1. 评估安排

评估工作以4年为1个周期，每个周期进行1次评估。评估工作原则上放在下半年。所有通过验收并正式开放运行的重点实验室都应参加评估。具体时间由评估组确定，并通知重点实验室主管单位和依托单位，对参评实验室提出评估要求和具体评估安排。重点实验室依托单位在评估名单下达后两个月内，提交经主管单位审核的"重点实验室评估申请书"。

2. 专家组

成立评估专家组对各重点实验室进行评估。评估专家由学术专家和管理专家组成，学术专家应为本学科（领域）学术水平高、责任心强的一线专家学者。管理专家可包括国家体育总局机关职能司局人员、各省（区、市）体育科学研究所人员、国家体育总局运动项目管理中心人员、体育院校专家、重点实验室代表等。专家组按照评估方案，以评估期限内的年度工作报告和"重点实验室评估申请书"等资料为基础进行现场评估。

3. 现场评估

现场评估的主要目的是全面了解和评价重点实验室的运行状况，检查与核实重点实验室取得的成绩，明确指出重点实验室存在的问题和改进方向。评估按依托单位类型分为省（区、市）直属实验室及地方体科所实验室和体育院校实验室两种，分类评估。每组选择5~7名专家组成现场评估专家小组。现场评估的主要内容包括：听取重点实验室主任报告和代表性成果学术报告。实验室主任对评估期限内实验室运行状况进行全面、系统总结；报告30分钟，答辩10分钟。考察实验室管理和运行以及经费投入情况、核实科研成果、服务运动队的成果，调查仪器设备运行管理和共享情况以及专项经费使用效果，了解人才队伍建设情况，抽查实验记录或其他原始研究资料。召开座谈会和进行个别访谈等。

4. 评估结果

专家组根据评估指标体系分值标准对重点实验室打分。根据评估得分，确定

实验室评估综合得分、排序和等级，上报领导批准。评估结束后一个月内，评估情况要进行网上公示，公示期为1个月。公示期内对评估情况有疑义的，任何单位和个人均可以电话、书面或其他形式向国家体育总局反映。以单位名义反映问题的，要加盖单位公章；以个人名义反映问题的，须署名或当面反映。公示期满后，形成评估报告和其他相关资料，对评估工作进行系统的总结。将审定后的评估专家组的评估意见、综合得分和等级以书面形式正式通报实验室。

5.结果处理

评估结果分为优秀、良好、合格、不合格四类：评分90分及以上者为优秀，76~89分为良好，60~75分为合格，60分以下为不合格。对评估结果优秀的重点实验室，给予表彰和政策扶持。评估不合格的，应在2年内完成整改；整改后评估仍不合格的，取消重点实验室称号。

（二）实验室评估指标体系分值说明

重点实验室评估指标体系如图7-1所示，主要设3个二级指标和11个三级指标。二级指标包括基本条件、运行管理和综合效益，三级指标包括实验室面积与环境、仪器设备价值、人员条件、经费投入、依托单位支持力度、规划与制度、设备使用情况、学术与交流、承担课题情况、科研成果、综合效益评定。

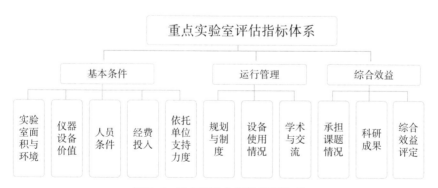

图7-1　重点实验室评估指标体系

重点实验室评估指标权重及分值见表7-1，基本条件占0.25，运行管理占0.15，综合效益占0.6。从权重分配可以看出，评估考核的重点是实验室的绩效，即在科学研究、科学健身服务、运动队科技攻关、人才培养等方面做出了怎样的突出贡献。

表 7-1　重点实验室评估指标权重及分值

指标	权重	要点	权重	重点考察内容
基本条件	0.25	1. 实验室面积与环境	0.05	实验室用房面积是否符合实际需要
		2. 仪器设备价值	0.05	是否有符合重点实验室研究方向，以及开展全民健身科技服务和体育科研攻关所需的仪器设备
		3. 人员条件	0.05	重点实验室所属人员职称结构、学历结构，重点实验室主任学历、职称是否符合要求
		4. 经费投入	0.05	主管部门每年用于建设重点实验室的专项经费
		5. 依托单位支持力度	0.05	依托单位支持重点实验室发展的具体举措
运行管理	0.15	6. 规划与制度	0.05	实验室发展规划是否齐全，研究方向是否符合实验室特色；实验室制度建设、安全运行等管理规章制度是否健全
		7. 设备使用情况	0.05	仪器设备使用率、常规测试准确率情况
		8. 学术与交流	0.05	实验室与相关单位合作科研情况，参加国内外学术会议情况，以及主办国内二级学会以上会议情况
		9. 承担课题情况	0.10	承担省部级以上研究项目的数量、课题实到经费
		10. 科研成果	0.10	国内外发表专著、期刊论文、专利、标准情况以及科学研究奖励等
综合效益	0.60	11. 综合效益评定	0.40	服务全民健身运动的项目数、科普数、受众人次，对当地大众体质健康的贡献以及社会满意度评价；服务运动队的项目数和人数，服务运动队取得的世界级赛事及全运会成绩评价；服务和培养师生情况评价（仅院校）；在全民健身、竞技体育科技服务中解决重大问题的能力；重大创新成果水平

三、评估保障体系构建

（一）加强制度建设

构建统一、规范的评估体系。重点实验室评估工作主要由国家体育总局进行宏观协调管理。为确保评估顺利开展，应充分借鉴其他部委评估工作经验，将定期评估纳入职责范围，重视与体育科研院所的统一协作，建立自上而下、通力合作的协同系统，便于资源的统一调配和各部门工作内容的统一协调，保障评估工作的顺利开展。

充分发挥以评促建的作用。开展实验室评估已成为世界各国提供公共服务的基本职能之一，体育系统实验室开展评估也是一种政府的基本职能行为。通过开展实验室绩效评估，能够保持各级体育院所实验室健康运行，促进其高质量发展，能够为实验室的战略规划、团队建设、成果转化等提供指导性建议，进一步提升实验室工作水平和产出效益，最大限度地发挥重点实验室对我国体育事业发展的促进作用。因此，要将评估上升到政府职能行为的高度，提升实验室评估工作的地位，使之向制度化、规范化方向发展，取得体育科技改革和发展的更大突破。

完善法治建设。评估活动的发展趋势是制度化、法治化，国家法律、部门法规和行业规范等为评估活动提供了有力的制度保障。在实验室管理方面，国家体育总局应展开广泛调研，听取体育科学研究所、体育院校、省市体育局、科技厅、各体育专业研究机构及有关专家的意见，连同立法部门对实验室评估机制、评估体系构建和调整、评估机构设置及管理、相关人员组成及工作职责、各部门职能范围等重要内容做出明确规定，提升整体工作的质量和效果，为实验室评估工作顺利开展提供全面系统的法律支持和保障。

（二）委托中介评估机构

实验室评估主要由国家体育总局成立临时评估专家组，根据评估方案对各实验室展开评估，但临时专家组在评估规范化和制度化管理、评估体系完善、评估过程、结果独立性等方面还难以尽善尽美，建议参照国内外经验，委托中介机构开展。由于评估中介机构享有自主权利，成员来源多样化，且不受政府及其他各方的干扰，评估结果会更加权威。

评估工作由中介机构承担是发展趋势，鉴于科技部、教育部重点实验室已经开始委托中介机构开展评估工作，体育系统也可选择并利用这些成熟的中介评估机构为己服务。

为了避免目前评估中介机构可能会引发的新问题，必须采取措施明确评估中介机构的性质、职能、责任与权利、组织形式、服务内容等，提高评估机构的独立性和公信力；同时要制定评估中介机构组织活动相关规章制度，预防和控制不正当行为，保障评估服务的客观性、公正性，确保服务对象的合法权益；还要组建一支水平高、业务精的顾问专家队伍，提高评估中介的专业能力；同时要重视协调好社会、政府、实验室之间的关系。

（三）完善内部机制

完善专家管理机制。评估专家是实验室评估工作的主体参与者，直接决定了评估结果的准确性和科学性。目前我国在评估专家的管理问题上并没有一套完整的管理体系。在实验室评估中，评估专家承担了前期评估标准制定、中期现场评估以及后期下发评估结果和意见的重要工作，因此，应加快制定和完善包括选拔条件、培训要求、评估标准和轮换机制在内的参评专家管理体系。在专家选拔和管理方面，首先，应制定实验室评估专家选拔标准，以便通过科学公正的方法选出体育领域内学术水平高、责任心强的一线专家学者；其次，对已组建的专家团队应开展系统的培训，使其明确并掌握评估标准，规范评估过程，保证评估结果的科学性和可靠性；最后，应建立评估专家审查和轮换制度，定期对评估专家的资格水平展开审查，并通过轮换机制不断吸纳新的专家参与，保障实验室评估的独立性和客观性。

建立评估工作监督机制。完善、有效的监督机制是评估工作正确性的必要保证，也是反馈评估效果的必要渠道。内部监督机制一方面是对评估过程的监督，包括评估中是否遵守评估方案，评价过程是否公正客观，有无人员徇私或非公开协议等；另一方面是对评估结果的反馈，包括是否如实向参评实验室传达评估建议，评估结果是否科学公正，对实验室建设是否切实有效等。监督人员在评估结束后应上交书面监督情况报告。公众监督机制主要表现为评估结果的网上公示，相关管理部门应对评估情况进行网上公示。公示期内对评估情况有疑义的，任何单位和个人均可以以电话、书面或其他形式向国家体育总局反映。为了更好地实现公众监督，应将内、外监督机制联合，采取公示内部监督报告等形式，对实验室评估工作实行切实有效的监督，进一步保障评估工作的科学性。

制定评估规则修订机制。实验室管理模式和运行方式在不断地改革发展中，为了适应新发展变化，应积极研究和探索管理体制改革。评估的主要目的是推进实验室规范管理，深化改革，加强科研攻关和科技服务、团队建设等，发挥评估工作的诊断性和指导性作用。为保证评估结果的科学准确，实验室评估指标体系应随实验室运行实践的改变而不断调整和完善。应在建立科学评估体系的同时，对评估规则的修订机制作出规定，组织相关人员对各实验室进行评估后的效果、评估细则变动需求等内容展开持续调研，进而形成具有规律性和可操作性的评估规则修订机制，以保证实验室真正通过评估实现高质量发展。

（四）评估规则持续改进

明确政府职能和支持力度。重点实验室评估是政府参与和支持实验室发展的重要手段，各行业、各部门通过定期评估极大地推动了科学技术的进步。国家体育总局重点实验室评估需要配合政策支持或绩效预算制度，进一步激励实验室提升综合水平。

评估办法保持相对稳定。政策的频繁变化会增加行政管理的不严肃性，不利于对重点实验室的宏观管理和正确引导。相关绩效考核政策应保持一定的连续性和稳定性，评估办法修订时适合做微调而不是全盘改变。

论证一级指标及权重。评估指标体系是指挥棒，对重点实验室的运行有强烈的导向和引领作用，因此对一级指标要严格论证。国家重点实验室评估仅设3个一级指标，分别是研究水平与贡献50%、队伍建设与人才培养30%、开放交流与运行管理20%。国家体育总局重点实验室的首次考核，一级指标是基本条件30%、运行管理25%、综合效益45%，见表7-2。相比而言，硬件资源条件所占比重较高，代表性成果的重要性未得到强调，运行管理以及合作、创新、共享等方面要求不足。围绕体育事业的新发展，结合《"十四五"体育发展规划》，实验室应综合考虑全民健身、竞技体育等方面的实际需求。

表 7-2　重点实验室评估指标与权重

国家重点实验室评估			国家体育总局重点实验室评估（首次）		
指标	权重	要点	指标	权重	要点
研究水平与贡献	50%	1. 定位、研究方向及承担国家重要任务情况； 2. 代表性研究成果水平与国际学术影响、在社会经济发展和国家重大需求中的贡献、投入产出比； 3. 合作研究与自主研究课题的组织情况与实施效果	综合效益	45%	1. 服务运动队及人才培养（陈述报告、服务数量、服务质量、人才培养） 2. 承担课题情况（课题数量、经费匹配） 3. 科研成果（核心期刊、科技奖励、发表专著、发明专利） 4. 实验室建设发展综合评定（陈述报告）

国家重点实验室评估			国家体育总局重点实验室评估（首次）		
指标	权重	要点	指标	权重	要点
队伍建设与人才培养	30%	1. 实验室主任与学术带头人作用； 2. 队伍结构与创新团队建设； 3. 青年骨干人才和研究生的培养。	基本条件	30%	1. 实验室面积与环境 2. 仪器设备价值 3. 人员条件（人员编制、职称结构、人才结构、主任学历、职称） 4. 经费投入（建设经费、运行经费）
开放交流与运行管理	20%	1. 开放课题设置及成效、科学传播； 2. 学术交流； 3. 仪器设备使用与共享； 4. 运行管理、依托单位支持	运行管理	25%	1. 规划与制度（发展规划与研究方向、制度建设、规范管理） 2. 设备使用率及测试准确率 3. 学术与交流（合作交流、参加会议、主办会议）

强化过程性评价。应加强过程评估，强化事先和事后考核，改善考核效果。发达国家实验室评估多采用事先和事后评估相结合的方法，由评估专家提前干预，主动参与绩效考核，有利于为实验室发展提出预见性考核意见，预防实验室偏离方向，避免出现问题事后修正的被动。

选好评估机构和考核专家。评估对专家素质及知识面有较高要求。应增加同行评议制度，建立重点实验室评估专家跟踪系统，从学术水平、道德水平、公平与公正、评估准确性等多方面评价专家信誉，建立专家信誉档案，不断优化评估专家结构。建议设专家库，考核前随机抽取专家。委托中介评估机构开展评估工作也是可行的办法。

重视开放平台及共建共管。由于重点实验室的建设目的是培育一流实验室，除在资源条件、学科交叉、人才汇聚、管理创新等方面提出明确要求外，还应强调实验室的开放平台，为多学科交叉提供支撑。应鼓励地方、企业等以多种方式参与重点实验室建设，形成多方支持、共建共管的局面。应统筹体育科技服务与全民健身的关系、体育科技服务与体育产业的关系、技术引进吸收与自主研发的关系、实验室运营目标和国家奥运战略目标的关系、实验室与依托单位的关系、实验室内部管理与外部协调的关系等。

四、陕西师范大学实验室创新评估实证

陕西师范大学实验室创新能力主要通过以下几个方面进行评估（以下简要列举评估专用表格）。

（一）实验室资源配置与人才培养

主任 / 副主任 / 学术委员会主任信息					
类别	姓名	出生年月	职称 / 职务	聘任时间	研究方向
主任					
副主任					
学术委员会主任					
平台固定人员信息					
序号	姓名	出生年月	职称	工号	签名
1					
学术委员会成员信息					
序号	姓名	出生年月	职称	工作单位	研究方向
1					

通过收集各个实验室的人才资源配置变化，了解当年度实验室的人才培养情况以及实验室研究方向变化。

（二）实验经费投入情况

部门	科学技术处	实验室建设与管理处	学科建设处	学院	其他	总计
投入						
执行						

整理每年度实验室的经费投入，包括实验室基础设施购置、软件投入以及经费流向等，不断更新实验室资源，完善实验环境。

（三）年度获批项目与开放课题

类别	科技部项目	国家自然科学基金项目	陕西省项目	西安市	其他	横向进账
项目数						
经费						

年度获批项目与承担课题是实验室经费的主要募集渠道，也是评估实验室综合实力与科研创新水平的重要指标。负责人必须为本实验室固定人员。

（四）参加国内外学术交流和会议情况

序号	会议名称	主办单位	会议日期	地点	报告人
1					
2					
3					
…					

学术交流在学术创新上有着重要的意义，可帮助研究人员了解领域前沿，分享研究成果和启发创新科研思路，是实验室开拓创新不断发展的重要途径之一。

（五）科研成果

序号	成果类型	成果名称	完成人	刊物、出版社、授权、授奖单位名称	年、卷、期、页、专利号或获奖等级	备注
1						
2						
3						
…						

科研成果包括但不限于论文发表、专利、出版专著、教材和获奖情况等。

第八章 示范性运动促进健康技术研究平台建设

第一节 示范性运动促进健康技术研究平台个案分析

本研究以北京体育大学为例，通过梳理中国运动与健康研究院运行机制和综合效益，展示示范性运动促进健康技术研究平台的特征和管理机制。

一、北京体育大学科研创新体系架构

北京体育大学现有体育与健康学部、人文社科学部、奥林匹克运动学部、体育工程学部4个学部，其中体育与健康学部下设运动人体科学学院等7个学院。

学校现有教育部运动与体质健康重点实验室和国家体育总局体能训练与身体机能恢复重点实验室等7个省部级重点实验室、1个北京市高等学校工程研究中心、2个国家体育总局科研基地、1个体育科学学会培训基地、1个国家级实验教学示范中心、2个北京市高校实验教学示范中心。

学校科研平台包括中国运动与健康研究院、中国体育战略研究院、体育赛事制作与转播实验室和汉语国际推广武术师资培训基地。省部级重点实验室包括运动与体质健康教育部重点实验室、5G高新视频体育融合创新应用国家广播电视总局实验室、北京市机能评定实验室、国家体育总局运动训练重点实验室、运动营养北京市高等学校工程研究中心、国家体育总局运动与应激适应重点实验室、国家体育总局体能训练与身体机能恢复重点实验室、人工智能体育工程实验室、冰雪运动"一带一路"联合实验室、冬奥文化与冰雪运动发展研究基地、习近平

新时代中国特色社会主义思想研究中心。科研处是负责学校科研管理与服务的职能部门，主要职能是负责全校科研的统筹规划、组织、管理和服务工作，如图8-1所示。

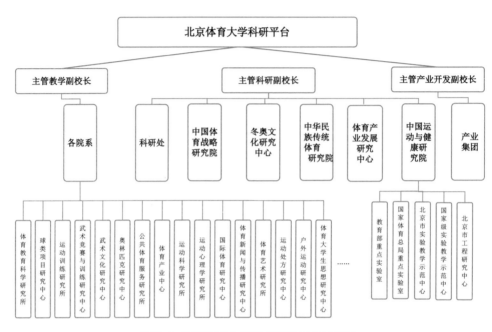

图8-1 北京体育大学技术研究平台示意图

院系研究中心包括中外体育教育比较研究中心、中国残疾人体育研究中心、球类项目研究中心、运动训练研究所、运动医学应用研究中心、运动康复研究所、太极拳研究推广中心、中华民族传统体育研究院、国家冰雪运动训练科研基地、户外运动研究中心、体育旅游研究院、全国体育院校思政课研究基地、运动队思政工作研究基地、反兴奋剂宣传教育研究基地、体育道德与廉政风险研究中心、体育价值指数研究中心、体育金融研究中心、体育营销研究中心、体育彩票研究中心、体育场馆研究中心、赛事经济研究中心、数字体育研究中心、创新人才体育素养研究中心、体育商业分析研究中心、体育消费行为研究中心、体育企业社会责任研究中心、体育劳动力市场研究中心、奥林匹克研究中心、公共体育服务研究所、运动科学研究所、运动心理学研究所、国际体育研究中心、体育新闻与传播研究中心、体育艺术研究所、运动处方研究中心等，分别隶属于教育学院、竞技体育学院、武术与民族传统体育学院、管理学院、运动人体科学学院、国际体育组织学院、新闻与传播学院、艺术学院、运动医学与康复学院、体育休闲与旅游学院和马克思主义学院。

对于学校而言，技术研究平台的主体涉及校内多个科研机构，也涉及校内人事、科技、发展规划等职能部门，还涉及不同学科方向的院系，并且在开放运行中与国家体育总局、教育部、科技部、国内外科研院所、企业、中介机构等众多创新组织有关联。相关技术研究平台建设应秉持"多元组合主体"观点，促使不同研究机构、科技处、人事处、发展规划处、各院系等都成为创新主体，达到资源、功能互补的目的。根据各自特色不同，各研究机构在科技服务、政策研究、专利知识、成果转化、人才团队、科研资源等方面更具优势，是体制机制创新的直接主体；科技处、人事处、发展规划处等职能部门以及各院系的重要作用体现在弥补主体创新动力不足、协调主体间体制创新改革、提供制度保障等方面，是体制机制创新的间接主体。

为发挥科技助力和支撑效益，加快推进世界一流体育大学和高水平竞技体育后备人才培养基地建设，北京体育大学重构了研究团队，凝练了实验室资源，于2017年组建了中国运动与健康研究院，成为资源条件优越的运动促进健康技术研究平台。学校大部分实验室隶属于中国运动与健康研究院，实验室面积超过8000 ㎡。学校各院系也建有中小型实验室，如康复理疗中心、体能训练实验室、新闻传播实验室、体育工程实验室等。

科研工作由校领导直接领导，向上对接国家、省、市各级主管部门和国家各部委科研管理部门，向下对接学校各院主管科研的院领导；校领导也负责统管分布在全校的若干研究中心。

二、中国运动与健康研究院技术研究平台

（一）组织架构及职责

中国运动与健康研究院由原科学研究中心和教学实验中心融合而成，属于北京体育大学重要的科研平台。目前，研究院下辖1个教育部重点实验室、2个国家体育总局重点实验室、1个北京市高等学校工程研究中心、1个国家级实验教

学示范中心、1个北京市高等实验教学示范中心等。中国运动与健康研究院组织架构如图8-2所示。

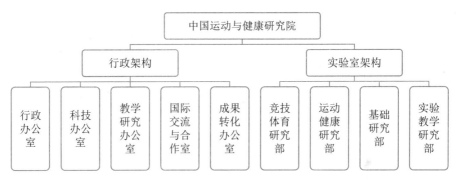

图8-2 中国运动与健康研究院组织架构

在行政层面，中国运动与健康研究院由主管科技的副校长管辖，内设1名院长，1名书记，1名副院长。其中书记主抓党建、宣传、学生管理等工作，院长负责行政管理、国际化和社会服务工作等，副院长负责科技服务和教务管理工作。研究院整体的人事、组织等由学校层面统管，科研考核等由科技处统管。研究院积极与企业密切合作，合作的公司包括康比特、李宁、安踏、华为、OPPO等。

（二）资源条件

中国运动与健康研究院下设体能实验室、身体机能测评实验室、运动生化实验室、分子生物学实验室、低氧实验室、动物房、生物力学实验室等，不仅拥有国内领先、国际先进的高精尖科研设备，而且运动促进健康、提升运动表现、体能训练、低氧训练、运动风险防控、运动营养干预等研究团队硕果累累。研究院鼓励教师积极申请校级以上课题，研究中给予课题资助；另外在发表论文、出版专著、教师培训等方面给予全力资助。为保护知识产权，鼓励成果转化，大力资助教师申请专利，与公司合作开发产品。同时鼓励教师调动社会关系开展横向研究，横向课题及研究由具体负责人签订，相关经费自负。

（三）运行机制

中国运动与健康研究院秉承"转型发展"理念，对标国家战略，以国家倡导的体育强国、教育强国、健康中国建设目标为己任，采用"边研究、边应用、边建设、边巩固"的动态发展模式，实行"开放、流动、竞争、共享"的运行机制，打造具有世界一流水平的体育科技创新平台。

中国运动与健康研究院积极统筹整合实验室、优化实验室配置、完善实验室管理制度，创建实验室管理系统，提高实验室运行效率和信息统计工作。运行中注重运动促进健康相关研究，研究领域涉及技术手段与统计分析方法体系、慢性病早期诊断与风险预测研究、早期识别与风险预测，同时注重构建跨学科、跨专业、多领域的运动促进健康集成平台，加强区域协同，做好全民健康管理。在标准化运行方面，中国运动与健康研究院能够构建质量管理体系，编制了11万字的《质量手册》和《程序文件》，撰写了33个程序文件、27个作业指导书和59个记录表格，整理了13份外来文件，获得国家实验室认可。通过国际和国家标准来规范实验室的质量管理，走体系化、标准化、国际化管理道路，为体育科技的发展搭建起坚实、可信的平台。

（四）建设成效

1. 实验室建设和管理

中国运动与健康研究院强化管理，制定各岗位工作职责和规范，修订完善实验室管理制度，完善并严格使用实验室管理系统，高质量完成技术研究平台建设和管理工作。

2018—2021年共承担校内外4775项各类实验和测试工作，年度仪器运行数万机时，包括师生科研服务，国家级、省部级、校级科研测试以及全校本硕博论文相关测试分析服务；同时常年接待社会公益测试，开展身体成分、骨密度、糖代谢异常早期检测、体质测试等。下设的动物实验室顺利通过北京市实验动物许可证考核，其中教育部"运动与体质健康"重点实验室顺利完成"十三五"汇报和答辩。

2. 运动促进健身研究与实践

强化体医融合，推进运动促进健康。依托教育部"运动与体质健康"重点实验室，牵头全国31所高校，每年完成全国31个省区市和新疆生产建设兵团一千多所大中小学校学生的《国家学生体质健康标准》抽查复核工作。同时根据教育部安排，新增了全国学生心理健康和学校体育、美育基础信息调研，并积极承担国家体育总局青少年体育锻炼行为调查工作。完成北京市教委"形体健康"研究报告以及身体形态异常评价指标体系研究报告。

每年主办或承办中国健康管理2030高峰论坛、"一带一路"冰雪运动科学训练国际论坛、中国体育科学学会运动处方师培训班以及中国生理学会2018年"普通高校运动风险与损伤防控技术"学术研讨暨论文报告会等；组织举办冬季项目科研讨论会，通过网络会议的形式邀请国外专家就冬季项目科研问题进行研讨。

除接待社会公益测试，已连续15年为北京体育大学全校教职工进行身体成分、骨密度、糖代谢异常早期检测、体质测试，还协助中国原子能研究院完成"工会类科学健身示范区建设"工作。

3. 科研成果

2018—2021年，研究院科研团队主持各级各类研究项目63项，参与包括国家自然科学基金重点项目在内的各级各类课题105项，发表SCI、CSSCI（中文社会科学引文索引）、CSCD（中国科学引文数据库）期刊及国内核心期刊论文151篇，可支配科研经费大幅增加，培养的运动能力测评与训练方向专业硕士的论文质量显著提高。

4. 成果转化

研究院配合科研处建立北京体育大学科技成果转化中心，划拨经费鼓励教师申报专利，并进行成果转化。

研究院多名教师与华为、百度、安踏、李宁、OPPO、氢启健康、景昊足球俱乐部等公司开展合作，积极探索实施科研成果转化，将运动促进健康方向的研究成果转化为服务社会的产品。探索人工智能、机器学习和大数据等技术在体育中的应用，与科技公司联合开发基于人工智能的无标记点人体动作自动识别系统；与百度合作的"五福长寿"老年健身项目被推荐参加"典赞·2020科普中国"活动；联合多方资源研发的"无标记点动作捕捉人工智能系统"助力我国女子投掷项目在东京奥运会取得两金一银的突破性成绩。

研究院协助大数据中心建构中国学生体质健康数据库和冬季项目后备人才库。主持完成国民体质检测设备的结构设计及软件的智能化升级改造、科学健身关键技术集成系统的框架构建，开展体医融合服务模式的前期设计工作，以及健身与健康融合基地、慢性疾病运动干预中心、综合科学健身指导中心的前期调研与选点布局。

5. 国家队科技服务

积极开展冬奥项目跨界跨项选材工作，完成速滑、高山滑雪、越野滑雪、冰球、单板滑雪等冬季项目共19500人次的跨界跨项选材测试工作，协助国家体育总局科研所进行冬季项目近500人的跨界跨项选材测试。

开展国家队科技服务，为国家男足、冰球、田径、游泳、越野滑雪、冰壶、跆拳道队、蹦床队等数十支国家队进行身体形态、机能和体能等测试服务，协助国家体育总局科研处进行爆发力项目运动员最佳准备活动方案的研究，并积极参与"二七厂国家冰雪运动训练科研基地"助力工作。

研究院教师也积极承担国家投掷队、击剑队、网球队、现代五项队、摔跤队、拳击队和田径队的科技助力工作，并着手创建科技服务测试数据管理与分析系统。

6. 国内外合作与交流

坚持开办"体育科技大讲堂"，聘请52名国内外知名专家进行共258学时讲座。与马萨诸塞州立大学、得克萨斯大学、昆士兰大学等24所国外高校代表会谈，商讨学术合作、研究生进修等工作。

承办"运动与健康"学术沙龙系列活动，为广大师生创建了线上学术交流的平台，举办系列活动32期。沙龙邀请学校各学院教师围绕"运动与健康"这一主题在各自的研究领域进行研究进展分享与研究方法交流，参与师生累计近2000人次，拓宽了大家的研究思路，有效启发并激发了师生的科研智慧和灵感。

积极推进与国外高校和专家的合作及交流工作。研究院与多名外籍专家保持长期合作关系，并通过将其聘请为客座研究员的形式获取国际前沿科技信息。多名教师在学校资助下，分别与瑞士体育科学研究所、澳大利亚维多利亚大学、瑞典德隆大学、日本水产株式会社等境外高校和机构的专家合作进行有关低氧训练、运动营养等方面的研究，积极参加国际学术会议并进行报告。国外专家还在线上定期开设有关科研论文写作、科研设计等课程；研究院还组织学生参加德国维尔茨堡大学夏季课程，获得欧盟学分。

7. 人才培养

研究院教师32人次赴美国、英国、瑞士、芬兰等国外高水平大学和实验室进行短期参观交流或长期进修学习，研究院经费支持教师参加国内外各类学术会议和培训。

积极参与体育学专业硕士培养方案修订工作，主动开设并承担实验操作相关课程。认真做好研究生培养、北京市本科生大创课题管理工作，积极支持学校博、硕士研究生完成学位论文实验工作。组织本科生参加全国大学生基础医学创新论坛暨实验设计大赛，多名学生获奖。

全年共承担运动人体科学、心理、运动医学与康复等学院开设的面向全校的数十门实验课。受中国人民大学委托，制定"体育类"国家虚拟仿真实验教学项目申报指南，并牵头组织"冰球运动损伤防护"和"动作技术的生物力学测试与评价"两个虚拟仿真实验教学项目建设。

（五）面临的主要问题

学校体育科技实力较强，但在产学研融合、协同创新、科技成果转化等方面还存在重视不够、保障不足、引导不利、创新乏力等问题。面对加快建设体育强国建设的新要求，技术研究平台需要明确定位，依托学校体育研究机构，发挥不同学科优势，紧密围绕体育行业重大技术需求，增强创新意识，构建技术研究创新协同平台，进行科技资源和人才的有效整合，建立结构合理、精干高效的科研管理工作体系和科研管理队伍建设等，促使平台服务手段日趋科学，在体卫融合、科学健身、慢性病预防、运动康复、疾病干预、保健养生等研发和实践方面产生更高的效益。

面对未来，运动促进健康技术研究工作还任重而道远。技术研究平台运作中必须采取有力措施，注重发挥体制创新优势，整合不同学科、校内网、国内外、体育系统和非体育系统的力量，投身到科技攻关和科技服务当中。要把思路转到服务地方经济和社会发展，产教融合，校企合作，以及培养应用型技术型人才上，要不断探索技术研究平台创新机制，拓宽研究渠道，开展多学科联合研究，促进组织之间的有序互动，实现协同创新的目标。

三、构建运动促进健康创新人才综合实践教育模式

（一）应用型体育科技人才培养

随着体育科技在增强全民体质方面的作用日益显著，国家对体育科技人才的创新素质和实践能力提出了更高的要求。为培养有实践能力的高水平体育科技人才，中国运动与健康研究院积极整合师资力量及办学条件，致力于培养体育应用科技人才。

依托高精尖仪器设备和优质的技术研究平台，中国运动与健康研究院早在2008年就启动了"本科生创新性实验室"工作，引导本科生自行申报课题，主动探索创新。学生能够按照兴趣选择研究方向，精心设计实验，提高实践创新能力。健康研究院在指导教师、科研经费等多方面给予学生大力支持，提高了本科生参与科学研究的积极性。

为培训实践应用型人才，研究院通过建立运动人体科学本科生实习基地，促进学生知识更新、技能习得以及视野拓展。研究院指派专门教师负责实习指导，为学生编制周密的实习、考核及管理计划。尤其是轮转制的设计能够保证每名学生轮流深入到不同实验室参与实战，让学生在大众体质测试、国家队队员身体机能评定等方面掌握不同学科方向仪器设备的操作方法、数据分析等知识，综合实践能力得到快速提升。应用型体育科技人才培养模式有利于促进学生全面发展和教师培养观念转变，有助于提高人才培养质量。经过几年探索，研究院应用型体育科技人才培养形成了"实践导向，社会需求，追逐前沿"的实践能力培养模式，在体育人才培养方面创立了一种全新的教育模式，取得显著成果。

（二）创新人才培养成效分析

1. 创新人才学科背景与就业去向

截至2022年6月，中国运动与健康研究院已培养近百名研究生，课题组围绕人才培养工作组织调研，有89人参与问卷填写。男生64人，占71.91%，女生25人，占28.09%。其中在读学生10人，占11.24%，有5人继续深造，为在读博士，占5.62%，83.15%的学生保持硕士学位。学生年级及年龄情况分布如图8-3、图8-4所示。

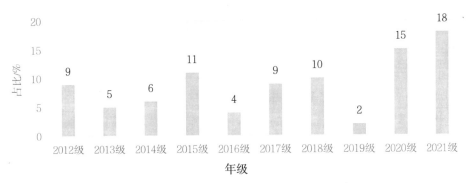

图8-3 中国运动与健康研究院学生年级分布情况

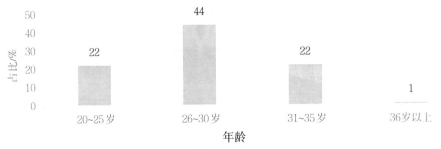

图8-4 中国运动与健康研究院学生年龄情况

从表8-1可以看出，学生本科专业最多的是体育教育，其次是运动训练，两者合计超过45%，可见研究院培养的学生多数具备运动专项背景，精通某一运动项目。另外，运动人体科学、运动康复学、护理学等专业学生占比超过10%。其余专业比较杂乱，涉及管理、机械、工程、园艺、新传、语言、计算机等。整体来看，体育专业本科学生约占3/4，非体育专业本科生占1/4。

表 8-1 学生本科专业情况分析

本科专业	人数	百分比 /%
体育教育	38	42.70
运动训练	11	12.36
运动人体科学	4	4.49
运动康复	4	4.49
社会体育	4	4.49
语言	4	4.49
管理学	4	4.49
体育人文社会学	3	3.37

续表

本科专业	人数	百分比 /%
机械	2	2.25
护理学	2	2.25
休闲体育	1	1.12
体育工程	1	1.12
制药工程	1	1.12
园艺学	1	1.12
新闻学	1	1.12
舞蹈表演	1	1.12
网络工程	1	1.12
土木工程	1	1.12
市场营销	1	1.12
金融	1	1.12
计算机科学与技术	1	1.12
动画	1	1.12
地理信息科学	1	1.12

健康研究院现有67名毕业生。就业去向中担任教师的比例最高，超过70%，说明有30%的学生虽然没有体育教育背景，但通过研究生接受全方位的培养教育，能够胜任体育教育相关工作。也从另一方面说明中国运动与健康研究院始终注重学生实践能力的培养，为学生高质量就业奠定扎实基础。中国运动与健康研究院学生就业情况分布如图8-5所示。

图8-5　中国运动与健康研究院学生就业情况分布

2. 培养方案和课程设置情况

为提升硕士研究院综合素质，中国运动与健康研究院精心设计培养方案，高度重视课程体系建设，经过多年实践，学生满意度很高。表8-2显示，相关表述均属于"非常符合"或"比较符合"。例如，研究院有5600m²的实验室环境，价值近亿元的仪器设备，能够围绕体育科技前沿领域开设实践课程，学生就业后能够直接开展体育科研工作。再如，研究院有良好的国际资源，长期开办"体育科技大讲堂"，邀请国内外知名专家学者授课、研讨，研究生是最大的受益群体。相关专业实践课能够帮助学生快速掌握岗位技能，提高就业率和深造率，就业质量很高。

表 8-2 培养方案和课程设置情况评价表

选项	非常符合/%	比较符合/%	基本符合/%	不符合/%	非常不符合/%	平均分值
开设的课程能够培养学生的综合素质和应用能力	46.07	40.45	13.48	0.00	0.00	4.33
专业理论课的学习有助于指导学生今后的实践	44.94	41.57	13.49	0.00	0.00	4.31
健康研究院会定期安排国外、校外专家学者为学生授课或培训	56.18	26.97	8.99	7.86	0.00	4.31
培养方案具有鲜明特色	44.94	39.33	15.73	0.00	0.00	4.29
所学专业课程内容有很高的创新度	44.94	38.20	16.86	0.00	0.00	4.28
开设的专业理论课和专业实践课顺序合理、学时比例合理	42.70	41.57	14.61	1.12	0.00	4.26
专业实践课能帮助学生快速掌握岗位技能	42.70	38.20	15.73	3.37	0.00	4.20
通过专业理论知识和实践知识的学习，能帮助学生未来快速就业	43.82	33.71	20.22	2.25	0.00	4.19

3. 教师配备和指导情况

学生普遍认为教师有丰富的专业理论知识和专业实践经验，经常在课堂上分享专业实践案例，学生在学习期间遇到的学业、科研、实验问题都能得到快速解决；并且教师的授课方式比较灵活、有趣，经常让学生讨论并自行探索解决实践问题；学生既能感受到一定的压力，又能在教师的精心指导下快速成长。为扩大学生视野，研究院以实验室青年骨干为主，同时在院外再聘请有学识、有经验、有业绩的专家学者做兼职导师，通过"双导师制"模式，共同指导学生完成学习任务，取得很好效果（表8-3）。

表 8-3 教师配备和指导情况统计表

选项	非常符合/%	比较符合/%	基本符合/%	不符合/%	非常不符合/%	平均分值
教师经常在课堂上分享专业实践案例	69.66	24.72	5.62	0.00	0.00	4.64

续表

选项	非常 符合 /%	比较 符合 /%	基本 符合 /%	不符合 /%	非常 不符合 /%	平均 分值
授课教师既有丰富的专业理论知识，又具备充足的专业实践知识	65.17	29.21	5.62	0.00	0.00	4.60
学生在学习期间遇到的学业、科研、实验问题都能得到快速解决	58.43	37.08	4.49	0.00	0.00	4.54
教师会经常让学生讨论并自行探索解决实践问题	60.67	26.97	12.36	0.00	0.00	4.48
教师授课方式比较灵活、有趣	58.43	28.09	13.48	0.00	0.00	4.45
学生在学习阶段采用"双导师制"，由校内外或不同学院的双导师共同指导学生完成学习任务	56.18	24.72	8.99	8.99	1.12	4.26

4.学生积极投入各类创新实践活动

中国运动与健康研究院日常运行中有大量的科研测试和科技服务工作，学生作为实验室科研助理，全程参与各类实践活动，包括参与教师科研项目、国民体质健康测试，到运动队、企业、社区等地实习，参与运动队科技服务、各类兴趣小组，同时能依托各自兴趣主持或参加挑战杯等科研竞赛项目（表8-4）。

学生普遍认为中国运动与健康研究院有充足的科研实验场地和仪器设备，能够满足创新研究需求，良好的软硬件环境引导学生关注社会、服务体育科技事业，结合全民健康领域或竞技体育实际需求选题。中国运动与健康研究院还会定期安排学生到社区、学校、运动队、体科所、合作企业等单位实习锻炼，通过与专业高度对口的实践岗位锻炼，进一步增强学生的实践能力。见表8-5。

表 8-4 学生参与创新实践活动情况统计表

选项	选择人数	占比 /%	排序	系数
参与教师科研项目	78	87.64	1	2.44
国民体质健康测试	62	69.66	2	1.94
到运动队、企业、社区等地实习	40	44.94	3	1.25
参与运动队科技服务	39	43.82	4	1.22
参与各类兴趣小组	24	26.97	5	0.75
主持或参加挑战杯等竞赛项目	9	10.11	6	0.28
其他形式实践活动	3	3.37	7	0.09
没有参与实践活动	1	1.12	8	0.03

注：单项平均值 = 总选择人数 / 项目总数 = 256/8 = 32；
平均选择系数 = 单项选择人次 / 单项平均值 = 单项选择人次 /32。

表 8-5 学生实践能力培养情况统计表

选项	非常符合 /%	比较符合 /%	基本符合 /%	不符合 /%	非常不符合 /%	平均分值
设置了充足的科研实验场地和仪器设备，满足学生创新研究需求	70.79	26.97	2.24	0.00	0.00	4.69
学生的毕业论文选题大多结合运动队或全民健康领域的实际需求	59.55	34.83	5.62	0.00	0.00	4.54
健康研究院（原科研中心）会定期安排学生到社区、学校、运动队、体科所、合作企业等单位实习锻炼	50.56	26.97	13.48	8.99	0.00	4.19
实习单位会为学生提供与专业对应的实践岗位	47.19	30.34	16.85	5.62	0.00	4.19
非常重视开展大学生创新创业活动项目	40.45	40.45	15.73	3.37	0.00	4.18

5. 创新实践人才培训效果

调研中请已经就业的毕业生评价所学专业知识与专业技能在创新实践方面的应用程度，51.69%的学生选择"充分运用"，47.19%的学生选择"部分有用到"，两者合计几乎接近100%。可见依托中国运动与健康研究院平台，学生在实践中学习到的知识和技能能够很好地助力未来就业。从表8-6也能看出，学生对培养方式的满意度很高，属于"非常满意"。

表 8-6 学生对培养方式满意度评价统计表

非常满意	比较满意	基本满意	不满意	非常不满意	平均分值
52	31	6	0	0	
58.43%	34.83%	6.74%	0.00%	0.00%	4.52

6. 存在问题及发展前景

调研中请学生开诚布公地指出中国运动与健康研究院在培养实践创新人才方面的困难和问题，虽然相关选项的选择人数不多，但也能反映出一些问题。以表8-7可以看出，大家普遍认为实践创新课程比例过低、学校教育与社会需求脱节、交叉融合/体卫融合不充分，其他困难还包括缺乏学生个性发展的成长空间、实践创新人才培养缺乏人财物支持、没有结合科学健身特色探索人才培养模式。这些应该是未来改进的重点内容。

表 8-7　存在问题和困难统计表

选项	选择人数	占比 /%	排序	系数
实践创新课程比例过低	32	35.96	1	1.65
学校教育与社会需求脱节	28	31.46	2	1.44
交叉融合、体卫融合不充分	28	31.46	3	1.44
缺乏学生个性发展的成长空间	24	26.97	4	1.24
实践创新人才培养缺乏人财物支持	20	22.47	5	1.03
没有结合科学健身特色探索人才培养模式	19	21.35	6	0.98
人才培养方案特色不鲜明	17	19.10	7	0.88
教师队伍不了解社会需求	11	12.36	8	0.57
培养模式陈旧，跟不上社会发展	10	11.24	9	0.52
其他	5	5.62	10	0.26

注：单项平均值＝总选择人数 / 项目总数＝194/10＝19.4；
　　平均选择系数＝单项选择人次 / 单项平均值＝单项选择人次 /19.4。

学生对本专业人才培养提出了很好的建议，包括重视学科知识交叉，尤其是体卫融合，增加前沿知识讲座，加大健身指导等实践学分比例等，还希望研究院能增加全民健康相关实习实践机会，鼓励教师创新教学手段，围绕科学健身开展创新创业教育（表8-8）。由于社会对科学健身指导员的需求日益增多，中国运动与健康研究院有义务在体卫融合方面深入挖掘资源潜力，不断改进完善课程体系，围绕健康中国战略培养创新实践人才。

表 8-8　本专业人才培养新要求统计表

选项	选择人数	占比 /%	排序	系数
重视学科知识交叉，尤其是体卫融合	66	74.16	1	1.86
增加前沿知识讲座	53	59.55	2	1.49
加大健身指导等实践学分比例	49	55.06	3	1.38
增加全民健康相关实习实践机会	42	47.19	4	1.18
鼓励教师创新教学手段	31	34.83	5	0.87
围绕科学健身开展创新创业教育	29	32.58	6	0.82
加大科研评优力度	23	25.84	7	0.65
围绕社会需求做好竞赛项目指导	23	25.84	8	0.65
其他	4	4.49	9	0.11

注：单项平均值＝总选择人数 / 项目总数＝320/9＝35.56；
　　平均选择系数＝单项选择人次 / 单项平均值＝单项选择人次 /35.56。

（三）创新人才综合实践教育模式

1. 整合资源培养跨学科思维

中国运动与健康研究院拥有的软硬件条件在全国首屈一指，在大量高精尖仪器设备的支撑下，新颖的研究方法不断涌现、手段不断更新，已成为学生开展科技攻关、科研服务的重要平台。在人才培养中能不断创新，引进多种先进的训练方法、创建有效的恢复手段，积极吸收和应用其他学科领域的知识和方法，已经走向了多学科、跨学科的综合性研究道路，教育学、社会学、经济学、历史学、心理学、人体科学等多门学科已有效地融合进学生科技实践能力的培养工作。相关课程注重前沿型与基础型、创新型与实用型并举，能够全面提升学生的实验能力、创新能力及运动队服务能力。

2. 师生互动提高动手能力

健康研究院拥有一个专兼职的教师团队，能够严格实行双导师制，联合培养应用型人才。在培养过程中，积极调动青年骨干教师的积极性和主动性，通过给学生配工位与导师共同工作，增进师生情感，强化师生互动。研究院鼓励学生自主创新，积极承担科研任务，或者直接进入教师的科研项目，在教师指导下从事科研、训练工作，在实践中提升科研能力。中国运动与健康研究院实验室对学生实验操作、毕业论文选题、实验方案设计等进行全面指导，通过提高学生动手能力，培养适应体育事业发展需要的高层次、多类型人才。

3. 依托实践拓展培养方向

健康研究院不断拓展培养方向，涉及的科研内容越来越广阔，包括能量代谢分析、体能训练方法、身体机能评定、动作技术分析、运动疲劳监测、低氧训练、运动员选材、力量训练等。强调面向运动训练主战场解决关键和难点问题；能以训练监控为重点，加强科技服务体系建设，培养科技服务人才。懂体育、会创新的应用型、复合型体育科技人才能够与运动队紧密结合，直面体育运动实践问题，不断探索研究本质与规律。

4. 提升实践人才培养质量

健康研究院采取教学、科研、训练"三结合"培养模式，融教学、科研、训练为一体，融业务培养与素质教育为一体，融知识传授与能力培养为一体。对研究生，第一年注重专业知识积累，打好学科基础；第二年加强实验能力培养，全面掌握各种体育科研仪器原理、方法、数据分析；召开多种形式学术研讨会，通过发言、评论、答辩等环节提高学术思维能力。对实习生，强调实践能力培养，要求每名学生在实习期内掌握所有科研仪器设备的操作方法。对本科生创新实验课题，指定教师指导学生独立开展实验，对整个研究过程严格把关，确保质量。资助学生参加各级各类学术会议，资助论文公开发表。

5. 培养面向体育主战场的实践能力

研究院积极创造机会，让学生深入到社区、国家队、各省市运动队、竞技体校等，为普通大众进行科学健身指导，为一线运动队进行科技服务，紧密围绕我国体育科技的改革与发展，将理论知识运用到实际操作中，并在实践中丰富理论成果。学生担任在线大众体能教练、国家队科研助理等，同时结合实践开展研究，研究成果积极参加科学论坛并获得优秀成果奖励。在实践中锻炼，能使学生具有多维立体的知识结构，具有应用知识和独立解决问题的能力。

6. 开办科技讲堂追逐前沿知识

研究院还开办科技大讲堂、教授沙龙等，利用与国内外大学的校际联系和合作交流关系，邀请知名专家学者来讲学。讲座内容既有体育科技领域的最新成果、论点，又有科技、文化、急救、消防、养生、健康、艺术等学科领域的新发展。这种开放性和前沿性的学术讲座，为学生成长提供了良好的学术氛围和风气。使专业人才的培养建立在较宽厚的基础和较开阔的学术视野之上，有利于培养学术视野开阔、理论基础雄厚、综合能力强大、人文底蕴深厚的复合型人才。

7. 探索体育科技人才培养模式

应用型体育科技人才培养模式由人才培养方式、运行机制及培养途径等诸要素组成。研究院能积极探索人才培养基地管理机制，保证人才培养质量。能构建与实践教育相一致的创新实践教育保障体系，该体系由组织、制度、指导、师资、经费保障等构成，为体育人才培养全过程提供多元保证。

8. 增强公益意识，服务社会大众

中国运动与健康研究院还要求学生积极参加社会服务，每年要为全校在职和离退休职工进行体质测试、制定运动处方；此外，还积极承担青少年低氧减肥课题、公安部援藏干部低氧适应、丰台中小学教师体质测试、特种部队机能测试与体能训练、清华大学登山队高原预适应、青海玉树支教实践队高原适应性训练和测试等。在"探秘三极"活动中参与中小学生南北极科考的体能测试与评价；学生还奔赴军区部队为新兵进行体质与健康评估，制订并实施体能训练计划，提高士兵体能，防护运动损伤。在社会公益方面，开展"远离肥胖，关爱健康""关爱园丁，健康校园""中学生开放日"等活动，增强民众健康意识。

综上所述，中国运动与健康研究院转变观念，积极培养厚基础、宽知识、强能力、高素质的实践人才，形成以培养创新能力和取得创新成果为目的的人才培养平台。通过有效整合理论与实践，在实践中让学生形成体育应用科研观，解决科研人才由于缺乏实践意识而操作能力差的矛盾。在社会服务中帮助学生提高实践应用能力、专业技术水平和多学科交叉研究意识，引导学生不断发现新问题，并及时反馈到理论研究中，形成从理论到实践、实践再到理论的良性循环。在多年的人才培养实践中，归纳、总结和摸索出以实践促创新的培养模式，实现从应用教育向素质教育的转变。

四、应用研究型技术研究平台

（一）通过重点实验室建设打造应用研究型科技平台

中国运动与健康研究院下设"国家体育总局体能训练与身体机能恢复重点实验室"，该实验室成立于2007年9月，是以国家队服务工作为主体，以科学研究和实验教学为支撑，以低氧训练为特色的教学、训练、科研一体化的应用研究型科技平台。

重点实验室立足于体能训练与身体机能恢复的实践领域，主要有4个研究方向，即体能训练、身体机能测评、低氧训练和身体机能恢复。目前这4个研究方向均已形成了人才结构合理的研究与服务专家团队，在体育科研和训练一线开展工作。重点实验室从成立之初就肩负着为国家高水平运动队备战重大国际赛事提供科技攻关及体能训练与恢复的任务，目前已成为北京体育大学"三结合"基地的重要组成部分，为60多个项目的国家队备战奥运会提供体能训练、机能监控和运动康复等领域的科技保障服务工作。

为加强国内外体育科研领域的学术交流，引进前沿理念与技术，2008年起，重点实验室与北京体育大学外事处、科研处合作举办"体育科技大讲堂"，为体育领域的顶级专家学者搭建学术交流讨论和合作平台；"体育科技大讲堂"年均开办数十场，邀请的中外专家超过600人次。其中，国际高原训练论坛、体能训练理论与方法、青少年体能与智能发育促进论坛、高级体育统计课程等已成为大讲堂特色内容。

重点实验室非常重视将科技成果服务社会。为推动军民融合，实验室根据部队军事训练改革的需求，积极将体育领域先进的训练和科研成果向国防领域推广，多次赴陆军、空军和武警部队提供体能训练与身体机能恢复领域服务工作。实验室还高度重视产、学、研结合，积极与安踏、李宁、华为等公司合作，承担其运动鞋、服装生物学功效、穿戴设备开发等科研测试工作。在体育科学宣传方面，多次配合中央电视台和其他机构拍摄《走进科学》《原来如此》等科普节目。

（二）通过企业联合共建实验室解决全民健身实际问题

中国运动与健康研究院积极与企业合作，助力健康中国行动战略。

2015—2018年，与安踏（中国）有限公司联合成立了"北京体育大学—安踏运动装备与表现研究实验室"开展八项联合研究。例如进行足部压力分析、生物力学测试、动作维度分析等，把运动科学知识融入到体育产品功能设计中。此外，联合实验室还以北京体育大学体育科技大讲堂为平台，邀请国内外专家学者举办专业论坛、专业讲座，极大地推动了国内外高层次体育科学信息交流。2019—2022年，中国运动与健康研究院继续与安踏公司开展了十余项合作研究，有效助力了我国运动装备科学化发展。

中国运动与健康研究院还基于教师前期科研成果，结合国内外相关体育科学知识帮助华为构建了跑步智能负荷监控与调节体系。与华为终端有限公司合作，在运动促进健康领域开展多项研究，部分成果已在华为运动健康App中使用。

中国运动健康研究院与OPPO广东移动通信有限公司合作，于2021年成立了"北体大—OPPO运动与健康实验室"（2021—2024年），并已在运动能耗、运动风险防控、智慧健身指导等领域开展了四项合作研究。

此外，还与小米、阿里、百度、荣耀、VIVO等企业在运动健康领域进行了五十余场知识交流和合作洽商。在交流中解答了相关企业在运动健康和运动训练领域的相关专业问题，并就其后续研发方向提供了一定的参考建议。

第二节 示范性运动促进健康技术研究平台管理模式

一、运动促进健康技术研究平台管理机制

（一）全面对接国家战略

新中国体育经过70多年的发展，体育系统的科研机构、科研人员数量逐年上升，人才中高级职称和高学历比例明显提高，科研专项经费和科技服务费成倍增长。虽然我国体育科技实力已有明显增强，但在加快体育强国、健康中国建设战略任务的要求下，技术研究平台必须不断加大改革力度，引导体育科技工作面向体育运动实践第一线，使科技工作与全民健身、运动促进健康紧密结合，这样才能不断提升体育科技对促进我国体育事业发展的贡献率。要建设高标准技术研究平台，在管理体制、协同机制、创新人才培养、多元投入机制、激励政策改革等方面研究具体举措。尤其要注重发挥协同创新的优势，整合中央和地方、体育系统和非体育系统的力量，投身到体卫融合科技攻关和科技服务当中，统筹推进技术平台建设、运行和发展。

（二）构建协同创新体系

技术研究平台要依托体育特色学科群优势，紧密围绕体育行业重大技术需求，聚合在体育行业领域内具有影响力的科研院所、企业以及其他高校，实现学科群与产业群协同创新。运动促进健康技术研究平台运行涉及政府、高校、科研院所、企业、金融机构、中介机构等众多创新组织，根据各自特色不同，高校、科研院所和企业在投入技术、专利、知识、专业人才和研发辅助设施等方面更具优势，是协同创新系统的直接主体；政府、科技服务机构和金融机构的重要作用体现在弥补主体开展协同创新活动的动力不足、协调主体间协同创新活动、对研发过程进行阶段评估、对研发过程实施监控以及融资、风险规避、提供信息咨询服务等方面，是协同创新系统的间接主体。

（三）改革平台体制机制

要通过技术研究平台体制机制改革，明确建设布局、总体目标、发展规划、支持措施、组织保障和考核评估机制等相关重大事项，促进科技水准不断提高，科技攻关、科技服务手段日趋科学，科学健身、运动促进健康产生更高的效益。要积极整合全国体育科技资源，既要获得雄厚的经济基础和人才支持，又要加强平台资源共享，形成相应的投入机制、人才机制、决策机制和激励机制等。人才机制上要赋予研究平台选人、用人自主权，鼓励引进的首席科学家、研究组负责人，自主确定各类人才薪酬待遇，建立与人才能力和贡献相称的薪酬分配制度。在财政资金引导下，要拓宽经费渠道，引导社会资本以捐赠、入股、建立基金等方式积极参与建设。鼓励头部企业投资入股研究平台，联合建立研发中心，以科研任务为牵引，集聚各类创新资源。可探索金融手段，推动科技成果转化。要通过政策引导、工作推动、制度保障等措施，广泛动员、组织各方面科技人员协同开展科研攻关与科技服务，积极整合中央和地方、体育系统和非体育系统的科技力量，通过发挥各自的科研优势，围绕全民健身科技服务，形成若干支特色鲜明、人员精干、高效协调，具有跨学科知识结构的科技服务领域。

二、技术研究中心协同创新模式

（一）协同引进与自主开发

中国运动与健康研究院技术研究平台非常重视体育科技创新在体育实际中的作用，利用自身的科研和智力优势取得多项创新成果。尤其能积极引进国际最新的技术与方法，加强横向联合，吸引社会资源投入体育科技服务。与美国、挪威、爱沙尼亚等国公司以及国内的多威、安踏、李宁、康比特、动能趋势等公司联合成立训练研究所，为运动队提供振动训练、核心力量训练、高住低训、运动营养、体能训练以及无创肌肉检测技术等。率先引进的技术包括振动训练、悬吊训练、肌肉无创检测、糖尿病风险预测等技术。为推广这些技术，技术研究平台多次举办全国培训班，介绍国内外最新的体育科技理论与方法，并同步运用到运动队常规训练中。为配合国家体育总局高原训练战略，技术研究平台积极将"高住低训"推向实际应用，不仅举办全国低氧训练研讨班、国际高原训练讲习班，而且派专家到运动队讲学、指导。技术研究平台还积极整合社会资源，引进迈腾（Myoton）无创肌肉检测技术，成立了"肌肉损伤预防实验室"，为国家队提供相关服务。同时，研究平台创新自主技术，发展体育科技。

（二）推广新技术新理念

技术研究平台勇于创新，努力扩大国际学术影响力，积极引进国外的先进训练手段和新技术，并及时向运动队推广。经常举办各种培训班，推广新技术、新方法。为进一步提升科技支撑与引领作用，开拓人才培养工作，2009年研究院开始开办"体育科技大讲堂"，引进最先进的体育科技理论和手段，培养体育科技人才，为体育领域的专家学者搭建学术交流平台，并在第一时间通过网络技术共享学术资源。大讲堂邀请的专家有来自瑞典、德国、美国、日本、英国、苏格兰、匈牙利、澳大利亚、芬兰等国以及中国香港的学者，讲座内容涉及运动生理、体能训练、运动营养、损伤与康复、运动解剖、运动心理、运动员管理等多个专业领域，既有体育科技领域的最新成果、论点，又有科技、文化、急救、消防、养生、健康、艺术等学科领域的新发展。这种开放性、前沿性的学术讲座营造了良好的学术氛围，有利于培养学术视野开阔、理论基础雄厚、综合能力强大、人文底蕴深厚的复合型人才。"体育科技大讲堂"已成为中国体育科技领域的知名品牌。

（三）与企业共建实验室

为有效推进与企业的合作，中国运动与健康研究院与安踏（中国）有限公司合作成立"安踏运动装备与表现研究实验室"，主要从事运动科学研究和科学知识传播。实验室的测试项目类别包括足底三维学分析、空间动作速度与轨迹分析、虚拟场景下技术动作分析等。为把共建落到实处，实验室定期在全校范围内进行课题公开招标，经过严格筛选，以每课题予以数万元资助。资助的研究涉及加压举重服、跑鞋屈曲刚度、下肢生物力学特征、鞋跟高度对步态的影响等，科研与企业需求完美结合。共建实验室还积极引进新理念，举办数十场高水平专业讲座，如《揭秘美国顶级大学橄榄球体能训练》《脊柱康复训练之爬行训练》《腰痛的物理治疗——基于美国骨科与运动物理治疗杂志临床实践指南》《运动是良医校园行动》《低血糖指数碳水化合物改善足球（橄榄球）运动员的运动能力与健康》《肥胖人群的内脏脂肪与运动减肥》《还原美国体能训练的客观和真实》《实践课：直线速度训练》《肩带的检查、常见损伤和治疗》《UE神经卡压技术上肢部位机制和实操》《美国PT教育构架深入介绍》《英文学术论文的撰写与发表》等。就运动装备与表现专题，开展的论坛包括膝关节常见损伤的评定、康复及运动鞋的选择、等速设备在运动康复中的应用、运动鞋前掌屈曲刚度对运动表现的影响、如何正确地选择跑步装备、花样滑冰运动员冰鞋与下肢运动损伤等。还进一步整合出青少年生长发育与体能训练专题、军事体能与营养专题、大脑训练与智能专题、体能训练专题论坛等。

（四）积极开展社会合作

研究院能主动与社会科研机构开展横向联合，积极与企业联合共建实验室，或者主动与市场对接，加强科技成果转化。例如，与清华大学共同研发了"远红外瓷珠训练康复设备"，利用远红外陶瓷能使促使毛细血管扩张，加快新陈代谢的功能，帮助运动队开发新的疲劳恢复手段。还成立了压力缓解室，结合物理治疗、心理和生理调节等多种方式缓解赛前紧张情绪。备战期间，该室为国家队运动员提供了服务，有效地缓解了赛前压力。

研究院指导学生积极参加社会服务，每年要为全校在职和离退休职工进行体质健康测试，并根据测试数据制定个性化运动处方；此外，还积极承担青少年低氧减肥课题、公安部援藏干部低氧适应、丰台中小学教师体质测试、特种部队机能测试与体能训练、清华大学登山队高原预适应、青海玉树支教实践队高原适应性训练和测试等。在"探秘三极"活动中，本科生利用寒暑假参与中小学生南北极科考的体能测试与评价；研究生多次赴原广州军区某部队为新兵进行体质与健康评估，制定并实施体能训练计划，提高士兵体能，防护运动损伤。在社会公益方面，开展"远离肥胖，关爱健康""关爱园丁，健康校园""中学生开放日"等活动，增强民众健康意识。

（五）探索创新人才培养模式

现代竞技运动水平的迅速提高和体育事业的发展使得体育科技在提高竞技成绩和增强全民体质方面的作用日益显著，国家对体育科技人才的创新素质和实践能力提出了更高的要求。然而，随着我国各级体育科研院所大型精密贵重仪器的引进，随着检验技术和方法学的日趋完善，原有的课本知识已经无法满足体育科技工作的实际需求，必须结合体育科技发展培养实用型体育科技人才。为培养有实践能力的高水平体育科技人才，以中国运动与健康研究院为培养平台，整合师资力量及办学条件，积极探索，努力培养体育应用科技人才。

研究院与始终将培养具有创新精神、实践能力与社会责任感的高素质体育专门人才为己任。2008年开始承担本科生创新实验室培养任务并获"校级创新人才培养基地"称号，2013年曾获北京市教学成果一等奖。研究院招收"体能促进与机能恢复"研究生，应用型体育科技人才培养模式能够促进学生全面发展。经过几年探索，应用型体育科技人才培养形成了"实践导向，社会需求，追逐前沿"的培养模式，在体育人才培养方面创立了一种全新的教育模式，取得显著成果。

综上，以服务健康中国建设为宗旨，依托北京体育大学中国运动与健康研究院、运动与体质健康教育部重点实验室两大技术平台，能够充分发挥学校多学科、多功能的综合优势，联合国内外各类创新力量，集聚创新团队，形成"多元、融合、动态、持续"的协同创新模式与机制，在国家创新体系建设中发挥重要作用，也为全国技术研究平台提供了范例。

第三节　运动促进健康技术研究平台建设方案

一、平台定位与组织架构

技术研究平台应以体育强国、健康中国等重大战略需求为导向，以应用性研究为引领，搭建跨学科、开放式研究平台，吸引和聚集国内外优秀科研人才，努力建设成体育科学研究的顶尖基地、健康中国发展战略的高端智库。

（一）平台运行团队

技术研究平台实行管理委员会领导下的主任负责制。管理委员会是决策机构，负责战略规划，理事会是执行机构，负责任务落实。管理委员会和理事会各司其职、相互促进。管理委员成员主要来源于政府、学校和社会三方，包括国家体育总局系统管理专家、体育科研院所学者、体育产业界及其他知名人士，多方利益代表者能够确保研究平台始终在合理、正确的发展方向上。管理委员会通过章程规范组织机构与职责、议事规则、权利与义务等内容。

技术研究平台内部要建立完善的治理体系，要发挥好专家咨询委员会在管理、咨询、服务方面的经验，也要及时沟通政府和企业，确保研究内容不偏离社会需求。通过理事会执行任务，同时要结合政府、企业的实际需求，结合专家咨询委员会的指导意见，依托创新平台、保障平台、服务平台落实各项任务，如图8-6所示。高层次重大、重点项目必须是涉及多学科的项目，因此技术平台的指导组必须由跨学科、跨领域成员组成，否则无法适应交叉学科研究快速发展的现状。

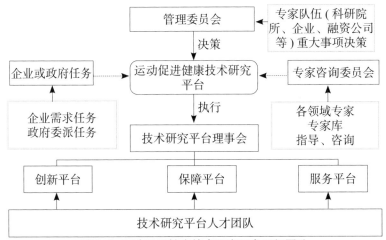

图8-6 运动促进健康技术研究平台运行团队

（二）研究平台架构

运动促进健康技术研究平台要做好顶层设计和整体规划，优化内部配置，聚焦服务运动，促进健康发展规划，按照技术研发、成果转化、服务推广的思路进行架构，如图8-7所示。运动促进健康技术研究平台的行政管理隶属保障平台，要"去行政化"，精简行政人员比例，提供人才培育、国内外交流合作等保障与服务工作；技术研究人员要按照专业方向分别纳入技术研发平台、成果转化平台和服务推广平台。

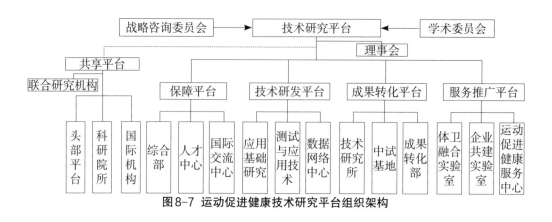

图8-7 运动促进健康技术研究平台组织架构

保障平台需有专业化的管理团队组成，要了解技术研究平台的战略目标，做好各平台的协调运作，要熟知研究平台的具体任务，真正起到辅助服务以及监督的作用。保障平台成员必须有事业心、有责任感，了解本领域业务知识的同时又懂得管理。如果成员有本领域专业知识背景，需要加强管理知识学习；如果是专职行政人员，需要扩充专业知识。保障平台要通过内部学习交流不断提高服务能力，并且在目标责任、职称、待遇等方面争取合理政策，确保这支队伍的稳定性。

技术研发平台引导科研人员主动适应市场经济发展需要，将科研成果转化为生产力。要提高科技创新意识，引导科研人员根据社会实际需要确定研究方向，主动与医疗卫生机构、社区、企事业单位沟通，促进科技成果转化和推广。研发平台还要积极为运动促进健康实践提供理论依据，建立基于大数据的统计分析体系，形成运动促进健康相关的跨学科、跨专业、多领域大数据集成平台，通过科技资源共享机制实现数据互通共享。

成果转化平台要解决产学研仅靠教师个人转让企业进行生产的传统模式。成果转化平台要整合学科优势、人才优势、技术优势等，聚焦体卫融合等特定需求开展持续研究与合作。要全面负责各类科研成果管理工作，做好科研成果的登记、审核、统计、汇总、汇编等。协助解决专家验收、成果鉴定、认定统计以及技术转让、成果推广等技术服务，做好知识产权保护和专利申报与管理。

服务推广平台应面向社会开展服务，致力于区域协同，建立慢性病早期诊断与风险预测系统，开展早期识别与风险预测，做好全民健康管理。应构建运动促进健康网络系统，开展系列研究，为制定全民健康政策提供理论依据。需构建研究技术平台的统计分析体系，涵盖运动促进健康研究、技术手段与统计分析方法体系、基于大数据的统计分析体系，通过构建跨学科、跨专业、多领域的运动促进健康大数据集成平台，实现运动促进健康数据互通共享。通过服务推广平台的搭建，服务全民健康。

（三）联合共享平台

科研共建单位。运动促进健康技术研究平台要扩大视野范围，加强与体育、卫生、医疗等科研院所的协同，聚集打造跨学科技术团队，齐心协力，推进运动促进健康、体卫融合等重大战略任务的实施。共建平台要抢抓健康中国战略机遇，紧密围绕国家战略需求，对接中央重大决策，依托各自优势，聚焦本领域发展态势与前沿科技，通过共建共享，促进多团队紧密对接，共同完成社会重大需求项目。

头部企业。技术研究平台要瞄准健康中国战略提出的目标要求，在人才、设施、科研等多方面加强对外合作，尤其要落实国家建立产学研深度融合技术创新体系战略，强化企业协作，促进科技成果转化。要发挥头部企业优势，拓展企业融渠道资，如通过与龙头骨干企业签约，在科研合作、人才培养、技术研发等方面全面合作，推动产学研用一体化发展。

国际合作机构。技术研究平台要大力构建跨学科研究机制，要善于集成多学科力量集体攻关重大科研项目。应广泛邀请国内外知名专家融入研究平台建设，创立与国际接轨的合作交流体系，通过国际人才引进和交流、国内外学术交流等开展重大科技领域创新。要从制度上强化国际交流与合作的意识，支持和鼓励国际化合作项目，要建立多部门协调联动机制，支持科研人员开展国际前沿学科研究，掌握最新技术和数据。通过加强技术人员海外培训、联合培养等实质性合作与交流机制，提高运动促进健康科研水平和质量。

二、平台管理与运行

（一）突出体育事业发展战略目标

技术平台要按照"自主创新、重点跨越、支撑发展、引领未来"的指导方针，紧密围绕我国健康中国、体育强国和体育事业发展的战略目标，在不同研究领域做出贡献。技术研究平台关注前瞻性、关键性的学科领域，坚持面向全民健身，充分发挥自身优势，服务于普通大众的身心健康，将科学前沿研究与社会重大需求结合，成为推动社会文明发展的强大动力，为实现人民对美好生活的向往而奋斗。要结合国家发展需求和体育科学前沿研究，制定统一的研究方向和主攻目标，这是技术研究平台建设计划本身的要求，也是技术研究平台制定研究计划，开展集成创新研究，产生自主创新研究成果的内在要求。要把体育科技工作放到建设体育强国、健康中国目标上来，重视将科技成果转化为体育运动的实际需要，通过高效率的科技服务为全民健身提供强有力的支持；还应重视提升全民科学健身的意识，让大众掌握科学的健身手段，加强科学健身指导服务水平，全面推进全民健身的科技进步。

（二）做好协同创新顶层设计

技术平台的顺利运行需要相关政策法规的保障，政府应积极发挥对平台的引导指导作用。政府在进行顶层设计时要从整体层面进考虑，使相关政策法规相互补充，并鼓励地方根据自身因地制宜思考促进技术平台创新发展的政策体系。为鼓励参与主体的积极性，还应建立完善的评价制度和监督制度，确保平台创新机制的有效运行。

要鼓励技术平台将科学前沿研究与社会重大需求结合，开展协同创新和集成创新研究，取得更多自主创新研究成果。尤其要重视将科技成果转化为运动促进健康的实际需要，通过高效率的科技服务，为全民健身提供强有力的支持；还应重视提升全民科学健身的意识，让大众掌握科学的健身手段，加强科学健身指导服务水平，全面推进全民健身的科技进步。最终使技术平台形成统筹安排、协同实施，跨国组合、跨界交叉，优势互补、人才互动的良好局面。

（三）开展跨学科协同创新

跨学科协同创新是指创新主体（包括高校、科研院所）中的团队或者个人采取的一种创新模式，它融合两个或者两个以上学科（或者专业领域）的信息、数据、技术、工具、观点、概念、理论等，推动基础研究或者解决单一学科（或者单一领域）不能解决的问题，是思想和方法的融合、协同。跨学科协同是创新活动能否成功的决定因素，平台要最大限度地整合各创新主体的资源和条件，不断进行知识创新。

技术研究平台应以原始创新为主要目标，以跨学科协同为重点，从组织建设、制度建设、文化建设、硬件建设等方面全面推进。技术平台应整合中央和地方、体育系统和非体育系统的科技力量，通过发挥各自的科研优势，围绕全民健身科技服务，形成若干支特色鲜明、人员精干、高效协调，具有跨学科知识结构的技术平台科技服务队伍。同时，应建立有利于调动中央与地方、体育系统与非体育系统积极性的长效机制，主动联合和动员多学科专家参与运动促进健康科技攻关与服务，形成集团优势。

（四）加强市场化战略合作

技术研究平台的科技服务要面向科技健身的大市场、运动促进健康主战场和体育产业新经济增长点，科技服务必须遵循体育发展的本质规律，按照服务第一的原则，紧密结合全民健身、运动促进健康、产业发展的需求，主动进入市场，强化服务观念。体育科技服务很难靠一间资料室和科技人员的单一技能去完成，已经从劳动密集型迅速转变为知识密集型、高度智能化、信息化服务，这种服务需要配备强有力的服务手段，充分利用高科技，特别是数字通信、网络、信息快速处理等现代化手段为平台研发工作提供快速、高效、优质的服务。

要调动全社会的积极性，充分挖掘和利用社会科技资源，通过政策引导、资金投入、课题立项、研究合作等方式，鼓励非专业体育科研机构和研究人才从事体育科学研究，形成技术研究平台科技服务的规模效应。目前，我国体育科技服务的规模还很有限，技术研究平台团队主要集中在体育系统的科研机构和体育院校，无论是从数量还是从科技人员的知识构成来看，都无法满足全民健身对科技服务日益增长的综合性需要。为此，要充分发挥中央和地方、体育系统和非体育系统的科技优势，形成综合性、多功能、高水平的体育科技服务体系，以满足全民健身、运动促进健康、产业发展等领域不同层次的需求。

（五）构建协同创新联盟

协同创新联盟是通过国家重大科技专项和重大工程的部署实施，以各方共同利益和市场机制为基础，由政府、企业、高校、科研院所、科技中介和金融机构等不同类型组织，形成优势互补、联合开发、利益共享、风险共担的技术创新合作组织。协同创新联盟具有动态联盟、虚拟组织、官产学研共同体等特征，强调功能互补、技术融合和资源共享。其协同不是一次性行为，是以国家重大发展战略为导向的混合式组织形态，相对具有稳定性。技术研究平台主管部门要通过国家政策和机制的引导，促进政府、企业、高校、科研院所、中介和金融机构协同合作，发挥各自优势、整合互补资源、实现优势互补，开展协同创新。其中政府主要发挥引导作用，提供政策支持并营造公平竞争氛围；金融机构弥补政府财政不足，提供多元化资金；科技中介促进各方交流，搭建联盟和政府间的桥梁，并为政府加强宏观调控和管理提供咨询。

（六）促进协同创新人才培养

科研攻关和科技服务团队是联合相关领域专家学者组建而成的，其整合好坏将影响技术平台的协同创新能力和整体水平。在整合过程中，要妥善处理好技术平台与依托单位的关系，争取得到更多的支持和帮助；还要处理好学科间的关系，既要突出重点学科，又要使不同学科协调均衡发展；更要处理好和运动队之间的关系，要做到优势互补，及时沟通，充分协商，互相尊重。同时，技术研究平台是科研人员从事体育科技开发与创新的场所，必须树立以人为本的理念，培养一支勇于创新的、和谐的科研团队。要营造轻松、自由的学术环境，增强科研人员的学术责任，通过科研实践加强创新型人才的培养。在人才培养上，通过组织科研人员学习进修，提高管理人员的管理水平，开展优秀实验项目评选，鼓励体卫融合、深入社区、跟队服务等，鼓励撰写学术论文，支持参加学术活动等多种方式，培养和激励科研实验队伍。要加强健身科普、运动营养、体能训练、损伤康复等紧缺人才培养，努力营造有利于创新人才辈出的良好环境。

（七）加大技术研究平台开放共享

技术研究平台要发挥骨干和引领作用，通过体育系统内科教单位与社会科研单位有机结合，建立覆盖各省市的科技保障体系，并把这些成果和经验逐步向儿童少年、中老年人等阶段推广、应用，不断提升青少年和老年人基础训练科学化水平。要积极探索技术研究平台新型的管理体制和运行机制，运用高效、便捷、经济的多种方式和管理手段，加大技术研究平台的开放，为广大体育科技人员提供开放、方便的研究实验条件与环境，使社会研究机构、科技企业和科技人员能够最大限度地分享技术研究平台的优势资源，真正实现技术研究平台设备开放、人员开放和项目开放。要充分发挥技术研究平台的仪器设备资源优势，建立仪器设备"开放、共享"的制度，提高仪器设备的使用率。

通过研究人员的有序流进，吸引和凝聚国内外知名体育专家学者，引进结合项目和成果需要的研究开发人员，充实和优化技术研究平台研究队伍，保持旺盛的创造力。利用技术研究平台的仪器设备、学术氛围、运行机制和研究基础等一系列条件，在技术研究平台进行创新性研究和创新性成果的研究、开发、转化，使高水平的理论创见与创新性成果迅速转向应用研究。

（八）建立协同创新评价体系

建立科学、合理的评估机制和评估体系，是促进技术研究平台注重协同创新的重要手段。首先，建立科学、可行的技术研究平台评估体系，不断改进与完善评估指标，强调技术创新和学科交叉，鼓励人才培养和开放共享。要针对不同类型的实验基地，建立不同的指标体系，既反映研究平台的共性，又能体现各自的特点。其次，建立科技人员多元化评价体系，既重视科技人员的理论研究和创新成果，更关注科技人员的科技服务，有利于让科技人员把高水平的理论创见迅速转向全民健身和运动促进健康工作中。对基础研究评价时，要延伸、涉及应用研究和发展研究的评价；对应用研究的评价也要注意基础研究和发展研究的评价。

第四节　运动促进健康实验室建设方案的初步思考

虽然国民体质监测结果显示我国青少年生长发育水平持续提高，国民体质水平总体向好，但慢性病患者基数仍有扩大趋势，全面提升国民体质面临诸多挑战，需要通过体卫深度融合等不断强化"运动是良医"的理念。运动促进健康理念是体育行业和医疗卫生行业相互融合，发挥科学健身在健康促进、保健康复、疾病预防与治疗等方面积极作用，促进人类健康的一种疾病预防与健康服务模式。运动促进健康理念是推动新时代全民健身工程的时代需求，通过深化运动促进健康理念，推动从注重"治已病"向"治未病"转变，培育"人人主动锻炼"的社会氛围，可以发挥体育锻炼在预防疾病方面的多效用、低成本优势，还能激发大众参与运动健身的主动意识。建设运动促进健康实验室将为体育事业全面发展贡献力量。

一、建设运动促进健康实验室的重要意义

（一）服务我国《"十四五"体育发展规划》的需要

目前我国体育事业《"十四五"体育发展规划》正稳步推进，规划强调要构建更高水平的全民健身公共服务体系。加强运动防护师、运动营养师等人才培养，建立体卫融合重点实验室，完善运动处方库。《关于构建更高水平的全民健身公共服务体系的意见》也强调要深化体卫融合，制定实施运动促进健康行动计划，提出要"建立体卫融合重点实验室。鼓励有条件的医疗机构加强以体育运动康复为特色的专科能力建设。推动国民体质监测站点与医疗卫生机构合作，推广常见慢性病运动干预项目和方法，倡导'运动是良医'理念"。运动促进健康实验室建设将为体育事业全面发展贡献力量，通过实验室建设，能够进一步提高科学健身的研究水平，在全民健身科技服务与研究方面取得突破，树立一个覆盖全民健身活动全方位发展的品牌形象，并搭建国内外全民健身科研合作与交流的平台，扩大科学健身的影响力。

（二）推动体卫融合理念广泛传播的重要手段

运动促进健康实验室是承担体质健康促进领域科学研究的场所，是依托体育

科研所、高校、体育领域企事业单位等科研教育机构建设的体质健康促进相关实验室、科研中心、研究室、技术平台等应用基础性研究场所。运动促进健康实验室通过科学健身研究、国民体质测试、运动处方应用研究、体卫融合探索等，能够倡导"大体育""大健康"理念，发挥体育锻炼在预防疾病方面的多效用、低成本优势，激发大众参与运动健身的主动意识，促进"运动是良医"理念在全社会的认同，让全民健身实现更高质量、更有效率、更加公平、更可持续的发展。

（三）满足全民健身科学快速发展的需要

国内外科学健身研究飞速发展，其发展的特点为体质测试数据采集和处理的方法更加智能化和数字化，国民健康数据管理方法逐步科学化、标准化，科学健身理念的传播与应用日益网络化、社会化，测试、分析及指导技术向集成化、实时化、动态化方向发展；这些都需要建设运动促进健康实验室，加快技术突破，满足全民健身科技进步的需求。随着社会对科学健身宣传、指导、测试等需求的日益增加，运动促进健康实验室能够在全民健身设备、科学健身指导、运动处方设计、慢性疾病干预、健身知识宣传、可穿戴设备研发等诸多方面不断创新和提升。

（四）开展全民健身基础研究和应用基础研究的需要

基础研究是科技工作的重要部分，涉及科技发展的后劲，也是经济发展的根本动力。全民健身运动的可持续发展不能缺少相关理论探索和科研基础工作，否则其发展不会有后劲，因此必须通过运动促进健康实验室的建设，不间断地支持全民健身科技工作发展。通过实验室建设，能鼓励科研人员在全民健身领域进行创新型研究，带动全民健身运动乃至整个体育科技的发展；尤其能围绕我国健康中国、体育强国等战略目标，针对运动、健身中的重大科技问题，不断思考与突破。

（五）聚集高水平全民健身科研团队的需要

科学研究需要优秀人才，运动促进健康实验室能够创造出一个良好的科研环境和实验条件，使优秀科技人才能够聚焦社会需要，从事全民健身基础研究和应用基础研究，使实验室成为集聚人才、培养新生力量的阵地，不断地出成果、出人才、出效益。因此，运动促进健康实验室的建设，可以吸引、稳定和培养一批从事全民健身基础研究的科技人才。通过实验室建设，使其在硬件条件、师资队伍、指导团队、健康管理等方面打好基础，形成特色，进而带动各地全民健身科学化建设工作。

（六）打造全民健身科研环境和实验室平台的需要

现代体育科技需要越来越高的科研试验条件和越来越先进的仪器设备，没有先进的研究手段，必然影响科研能力的发挥和科研水平的提高。因此，构建运动促进健康实验室，相对集中地在全民健身领域投资建设，更新专业科研装备，创造一个良好的科研环境和实验条件，能够把全民健身领域的科研力量组织起来，使之成为具有先进装备、能够承担重大全民健身科研任务、代表国家最高全民健身水平的研究基地。

（七）体育系统标准化实践的重要环节

运动促进健康实验室在国民体质测试方法、运动风险评估手段、运动人体科学研究等方面的标准化程度直接决定了输出结果的稳定性以及科学研究的权威性。实验室建设运行必须符合安全、环保等要求，满足相关检测和科研需求，从研究平台设备条件、测试环境到数据准确性、工作流程等都有严格的要求，遵循标准化机制，通过运动促进健康实验室平台的规范建设和标准化运行，能够为体育系统标准化实践提供优秀示范。

（八）促进体育和医疗实质性融合的重要平台

作为促进主动健康的战略平台，实验室研究平台有利于促进体育系统与医疗卫生机构的深度合作，推动国民体质监测站点与医疗卫生机构的合作，推广常见慢性病运动干预项目和方法，助推"主动、前端的健康干预"，让体育、卫生两个系统的资源形成"1+1＞2"的效果。

二、指导思想

深入贯彻落实党的十九大、二十大会议精神，坚持创新、协调、绿色、开放、共享发展理念，按照《"健康中国2030"规划纲要》《健康中国行动（2019—2030年）》《全民健身计划（2021—2025年）》《"十四五"体育发展规划》《关于构建更高水平的全民健身公共服务体系的意见》《全民健身指南》等的要求，坚持"政府主导、协同推进；资源共享、联合共建；面向大众、服务社会；聚焦痛点、合理布局"的原则，突出交叉融合、创新引领，着力破解体制机制障碍，发挥三甲医院、医学院校和体育院校各自优势，注重体育系统与卫生系统协同发力，加快推进落实基础研究、应用研究、标准化研究三大重点任务，推动运动促进健康，激发"运动是良医"的重要作用，增强全社会通过运动预防疾病的理念，发挥体育在预防和对抗人类疾病方面的基础性作用及多效用、低成本优势。

三、建设内容

运动促进健康实验室将开拓创新，注重体育与医学融合、科研与社会需要结合，以提高科学健身质量为目的，深化实验体系、研究内容、产业开发等改革发展，提高运动促进健康研究的质量和管理水平。通过实验室建设，将努力争创一流，实现一流的运动促进健康研究团队、一流的运动促进健康研究方向、一流的运动促进健身方法、一流的国民体质监测条件、一流的疾病干预服务水平，并重点在科学研究、社会服务和标准化3个方面发挥重要作用。

（一）开展运动促进健康基础研究

在科研方面，运动促进健康实验室是进行运动促进健康科学研究必不可少的重要基地。现代科学技术已经渗透到体育的各个方面，一些新型体育器材装备的研制和改进，以及现代医学、生理学、生物化学、生物力学、心理学和相关学科的最新成果使得健身更加精确和科学。运动促进健康实验室研究方向符合健康中国战略需要，具有明确的研究目标和具体的研究任务，能够引领我国全民健身科技工作的可持续发展。实验室要坚持疾病预防和干预导向，加强运动促进健康领域基础研究，激发运动人体科学学科研究者和医学专业研究人员的内生动力，推进基础研究为源头创新的内涵式发展，重视在体育、公共卫生交叉的过程中重塑知识体系，抢占先机。通过聚焦学科前沿，争取在若干疾病预防和干预领域率先突破，以点带面，引领发展。

（二）开展运动促进健康应用研究

在全民健身指导方面，国民体质健康水平的提升需要体育科技的强力支撑，如科学健身与人体健康、科学健身与运动处方、科学健身的常用方法、不同身体部位的科学健身、不同年龄人群的科学健身、不同时期与阶段的科学健身、科学健身的医务监督、常见疾病的科学健身与康复等。随着运动人体科学、运动医学、康复学、健康管理等学科的发展，世界各国都在加强大众健康方面的科学研究，并不断将其研究成果应用于全民健身服务。运动促进健康实验室必须面向大众健身主战场，坚持科技创新，着力解决全民健身中的关键和难点问题，要以疾病预防与干预为重点展开应用研究。在疾病干预方面，注重不同人群运动干预、不同疾病运动干预、心理疾病预防与干预、中医养生保健研究，加强医务监督、运动康复、常见疾病科学健身、运动营养等研究。在疾病预防方面，关注科学健身与人体健康、科学健身与运动处方、科学健身的常用方法、不同身体部位的科学健身、不同年龄人群的科学健身、不同时期与阶段的科学健身。另外，在运营推广方面开展健康管理模式研究、运动促进健康软件开发等研究，在装备器材方面开展运动促进健康智能设备研发。

（三）开展运动促进健康标准化研究

体育系统研究平台在国民体质测试方法、运动风险评估手段、运动人体科学研究等方面的标准化程度直接决定了输出结果的稳定性以及科学研究的权威性。若没有相关标准，设备条件、测试环境、数据准确性、工作流程等都难以支撑科研的需求。只有规范了研究平台的建设标准，才能满足相关检测和科研需求，既能达到安全、环保等要求，也能为平台科研人员以及受试提供舒适的实验和科研场所，确保平台稳定、健康、可持续发展。运动促进健康实验室应从运动促进健康层面切入，系统研究实验室建设、仪器设备技术要求、慢性病预防、运动干预、物理治疗等研发技术规范，围绕孤独症、帕金森病、癌症患者等不同疾病研制健身指导方案，就肥胖、近视、脊柱侧弯等大众普遍关心的问题编制运动干预指导手册，形成运动促进健康理论方法、标准及标准体系，形成运动促进健康实践技术指南及相关理论方法、关键技术标准及标准体系成果。

运动促进健康实验室建设内容如图8-8所示。

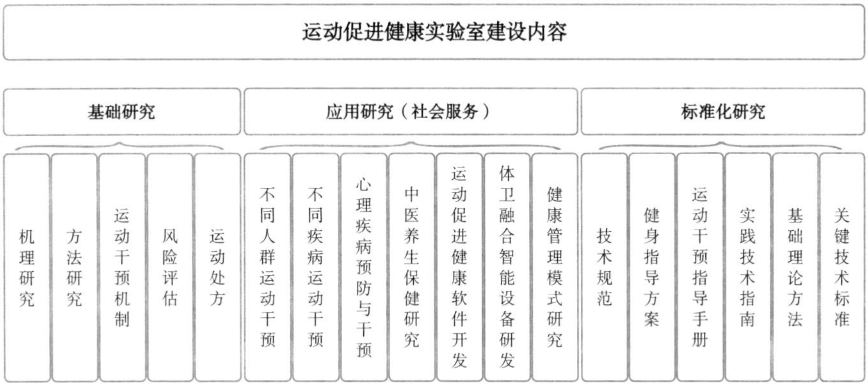

图8-8 运动促进健康实验室建设内容

四、建设思路

（一）强化学科交叉与融合

运动促进健康涉及人体健康、疾病预防、运动处方、健身手段、运动营养、医疗康复等多领域，必须注重多学科交叉渗透，提升科学化水平。要积极开展多学科的相互渗透、交叉，集成多学科优势，从多学科角度进行综合分析，用先进的科学方法促进体卫融合水平的不断提高，创新运动促进健康科技服务工作的新途径。通过积极开发课题，实施科研奖励，建立学术交流机制等开阔视野，提升实验室的开放程度。

（二）密切联系全民健身实际

运动促进健康实验室必须紧密结合大众健康实际需求，使科研成果在疾病预防和干预方面广泛运用，通过建立科学的健身指导服务体系，推广健康生活方式，普及科学健身知识，提升运动健身效果，紧密结合实际进行创新，并重视成果的运用，真正指导科学健身实践，解决全民健身中面临的实际问题。

（三）打造体卫融合人才团队

运动促进健康实验室要建立一支稳定的体卫融合科研团队和科技服务团队，并拓宽体卫融合人才知识领域，使其及时掌握体卫融合领域的新知识、新技术和新方法，在体卫融合科技工作中发挥优势。通过构建集科学研究、健身指导、运动营养、医务监督等多学科于一体的综合性科研团队，开展综合性科技健身服务，解决大众健身中存在的关键问题。

（四）促进体卫融合学术交流与合作

国内外学术交流与科技合作是运动促进健康实验室提高研究水平、学术水平、管理水平、服务水平和走向世界的重要渠道。实验室应坚持边建设、边研究、边开放的原则，加大开放力度，通过多种形式和途径积极参与国内外学术交流与科技合作。其中，发表论文、出版专著、参加国际会议、组织国际会议等是实验室向国内外同行展示自身学术水平和科研水平的主要形式。

（五）健全重点实验室管理机制

要转变观念，充分重视运动促进健康实验室的管理工作，构建良性运行机制，为科研工作者创造条件和环境，营造浓厚的科技氛围，鼓励实验室工作人员提高业务素质和科研水平。实验室应组织科研力量，研究解决新形势下体卫融合领域中的重大问题，加强国际交流与合作，掌握先进的前沿方法和理论知识，并积极运用到体卫融合实践中。

（六）构建体卫融合网络平台

运动促进健康实验室还应加强体卫融合信息平台和网络建设，开发数据交互、云端交互等软件功能，不断挖掘人员和资源潜力，使实验室开放内容和开放领域不断扩大，为社会大众提供更优质服务。此外，还应结合可穿戴设备发展，设计面向百姓的全新的人机交互方式和用户体验，在疾病干预、科学健身、医疗保健等方面提供精细化服务。

五、建设效益

（一）转变全民科学健身观念

近年来，随着我国全民健身运动的蓬勃发展，人们参加健身活动的热情越来越高。但不科学的体育锻炼有可能达不到健身目的，反而造成伤害事故发生。尤其是往往缺乏运动锻炼的科学认识，不重视"治已病"向"治未病"转变，不懂得常见慢性病的运动干预方法。运动促进健康实验室建设可以推动运动促进健康理念的传播和辐射，并通过科学健身引领，在体育行业内外产生更加广泛的影响。

（二）在体卫融合领域起到示范作用

运动促进健康实验室通过与三甲医院、医学院校、社会相关团体等开展合作，举办体卫融合研讨会和培训班，推广先进的体卫融合理念，提供先进的体卫融合测试和分析设备，交流体卫融合经验，建设网络系统，起到可持续的体卫融合示范作用。

（三）培养运动促进健康专门人才

体卫融合涉及面很广，服务对象庞大，紧靠少数人难以承担，因此，运动促进健康实验室还将承担培训体卫融合人才的重任，每年定期举办体卫融合培训；同时应积极整合相关课程，研制技能认证标准，通过考试取证培养大批运动处方师、体卫融合指导员等，为社会提供专门人才。同时，依托院校建设的重点实验室还能培养在校生，提高广大学生的体卫融合实践能力，并通过承担地方政府或社会的体卫融合任务，使学生在实践在不断成长。

（四）扩大社会经济服务，创造更大经济效益

运动促进健康实验室还应积极承担社会服务工作，积极与医院、社区、学校、企事业单位合作，增强产学研开发力度，在疾病预防、慢病性干预、体质监测、运动处方、康复预防、损伤恢复、运动营养、减肥减脂、可穿戴设备研发等方面与企业开展合作与共建，为社会提供优质服务，使运动促进健康实验室产生更加广泛的影响，获得社会效益和经济效益双丰收。

综上，运动促进健康实验室需参考国家体育总局重点实验室建设要求，在建设理念、管理模式、科技服务、研究体系、人才培养等方面不断探索和改革，力争在运动促进健康以及体卫融合领域取得巨大成效。